Furger und Partner AG | Hottingerstrasse 21 | CH - 8032 Zürich
+41 44 251 8070 | contact@strategy.app | www.strategy.app

Unternehmensstrategien

Band 3 – Organisation und Umsetzung

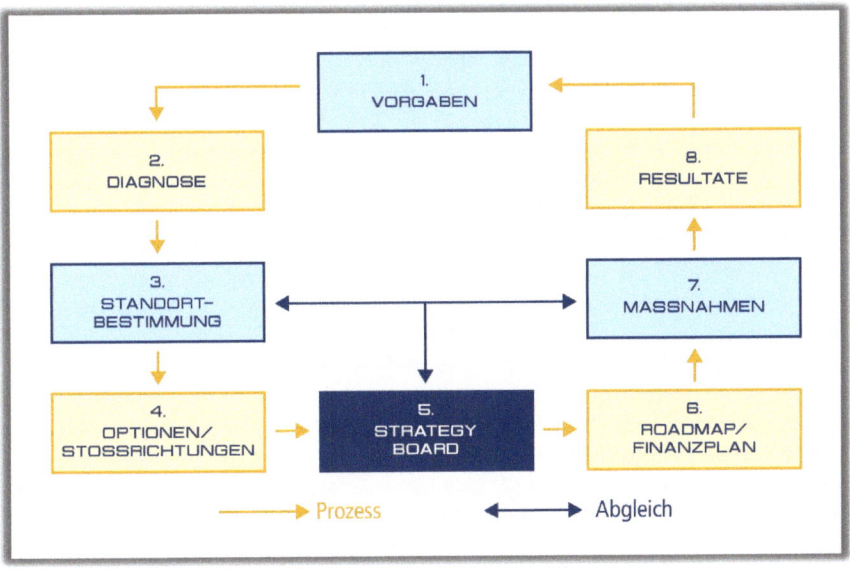

INHALT

Einleitung	7
Teil 1 – Organisation	9
Die dritte Dimension des Organisierens	11
Die Grundstruktur gestalten	*17*
Teil 2 Umsetzung	27
Der Prozess der Umsetzung	29
OKR oder ein Schritt nach dem andern	*30*
Strategisches Controlling	37
Prämissencontrolling	*40*
Eckwertecontrolling	*41*
Massnahmencontrolling	*42*
Das Frühwarnsystem	*45*
Mitarbeiter sind die besten Strategen	47
Kommunikation	69
STRATEGY.APP	75
Der Autor	77
Links	78

EINLEITUNG

«Structure follows Strategy» hat der berühmte Management-Guru Peter Drucker schon vor vielen Jahren formuliert. Wir gehen auch heute noch davon aus, dass zuerst die Strategie zumindest in den Grundzügen stehen muss, um dann die Organisation danach auszurichten.

Im Folgenden skizzieren wir Ansätze, wie Sie die organisatorische Anpassung und die Umsetzung der Strategie erfolgreich angehen können. Wir gehen aus vom klassischen strategischen Controlling, das die Steuerung der Umsetzung in die Hand nimmt.

Zum Thema Organisation möchte ich hier die Gelegenheit nutzen, Ihnen, werter Leser, den systemischen Ansatz von Stafford Beer ans Herz zu legen. Martin Pfiffner hat diesen Ansatz im Buch «Die dritte Dimension des Organisierens»[1] wunderbar erklärt und beschrieben.

Mit OKR, «Objective and Key Results», einem agilen Ansatz, der von der klassischen, langatmigen Projektplanung wegkommt, begegnen Sie den heutigen Anforderungen nach Flexibilität und Agilität.

Ein paar Empfehlungen zur Kommunikation und meine im Jahre 2013 veröffentlichten 10 Thesen unter dem Titel «Mitarbeiter sind die besten Strategen» bilden den Abschluss dieses dritten Bandes.

Wir zeigen Ihnen in diesem Band

- Wir Stimmen Sie die Organisation auf die Strategie ab
- Wie verankern Sie die strategische Arbeit dauerhaft in Ihrem Unternehmen
- Wie verbinden Sie die Umsetzung bis ins Tagesgeschäft hinein – Stichwort OKR und machen Strategie zur «Real Time Strategy»
- Wie setzen Sie den Prozess der Umsetzung auf
- Wo sind Massnahmen in Projekten abzuarbeiten und wann setzen Sie OKR ein
- Wie bauen Sie ein schlankes und praktisches strategisches Controlling auf
- Wie binden Sie Ihre Mitarbeiter in der Strategieprozess und die Umsetzung mit ein

---

[1] «Die dritte Dimension des Organisierens» von M. Pfiffner, 2020

- Wie verfeinern Sie diese Strategie dann fortlaufend, bauen sie aus und passen sie an

Beispiele und Vorlagen zeigen wir anhand unserer Strategiesoftware STRATEGY.APP®.

Mit dem folgenden Link können Sie die App 30 Tage lang kostenlos und unverbindlich testen:

Anmelden für STRATEGY.APP®
https://www.strategy.app/app_registrieren

TEIL 1 – ORGANISATION

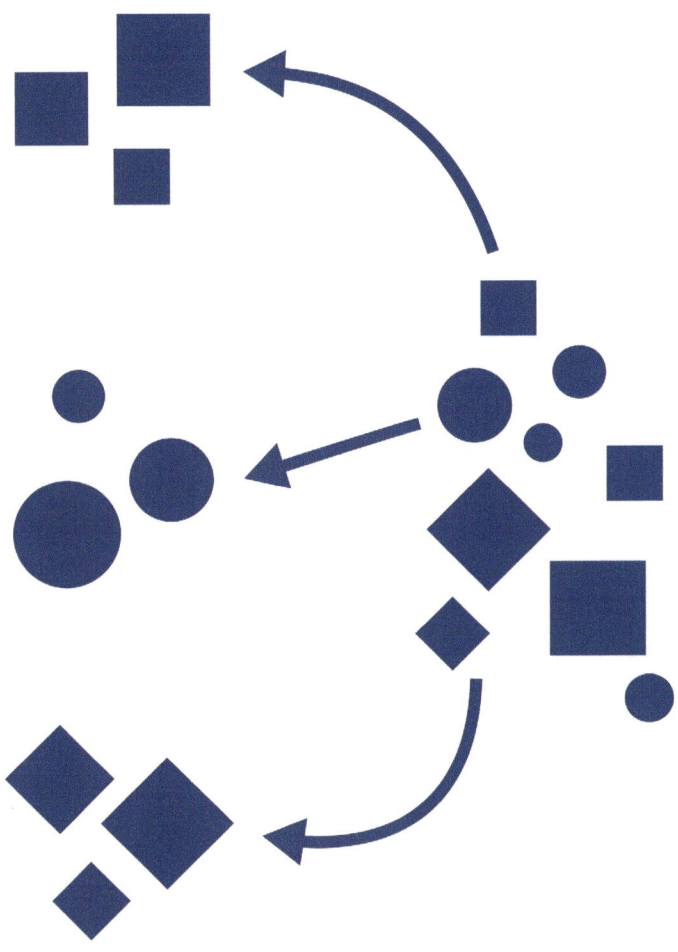

DIE DRITTE DIMENSION DES ORGANISIERENS

Um die Strategie in der Organisation zu verankern, folgen wir dem systemischen Ansatz, der von Stafford Beer in seinem Viable System Model entwickelt wurden. Dr. Martin Pfiffner stellt darauf aufbauend in seinem letzten Buch ein Gesamtkonzept vor, mit dem die Organisation ganz einfach um eine Dimension erweitert wird – und wie aus einer Fläche durch das Hinzufügen einer Dimension ein Raum wird, bekommt das Thema Organisation dadurch eine ganz neue Form.

Links zum Buch «Die dritte Dimension des Organisierens» von Martin Pfiffner

- Orell Füssli, Schweiz
  https://www.orellfuessli.ch/shop/home/artikeldetails/ID146782679.html

- Springer, Deutschland
  https://www.springer.com/de/book/9783658292461

- AMAZON
  https://www.amazon.de/Die-dritte-Dimension-Organisierens-Kommunikation/dp/3658292466

Es geht um die Lehre von Steuerung und Kommunikation in komplexen Systemen, oder einfacher gesagt, um die Lehre des Funktionierens – die Kybernetik. Sie ermöglichte die beispiellose technologische Revolution, die zur aktuellen Industrie 4.0 und Digitalisierung führte. Dadurch wurden Kommunikation, Produktion und Logistik in neue Sphären katapultiert. Gleichzeitig stecken wir mit der Organisation immer noch in den Strukturen des zwanzigsten Jahrhunderts. Der Autor zeigt in diesem Buch auf, dass das Funktionieren von Organisationen das Kernproblem wie auch die Lösung für die Herausforderungen unserer Zeit ist.

Die drei Dimensionen

Die ersten beiden Dimensionen sind die Aufbauorganisation, die Ablauf- oder Prozessorganisation. Die dritte Dimension befasst sich mit den Steuerungs- und Kommunikationskanälen zwischen den Einheiten der ersten und zweiten Dimension. In Analogie zum lebenden Organismus sind es die Anatomie, die Physiologie und die Neurologie.

Diese dritte Dimension basiert auf den Arbeiten von Stafford Beer und seinem Viable System Model (VSM). Dieses Model wurde in den 70er Jahren entwickelt und vielfach praktisch angewandt. Es hat aber ausser in Expertenkreisen nie die Verbreitung gewonnen, die ihm zusteht.

In den folgenden vier Kapiteln wird das System VSM vorgestellt, und zwar als «ein Modell für Steuerung und Kommunikation». Dieses dient als Basis, um die dritte Dimension darzustellen.

Es fällt schon hier angenehm auf, dass nicht alles Alte auf den Haufen geworfen wird, sondern dass Aufbauorganisation (1. Dimension) und Prozessorganisation (2. Dimension) einfach ergänzt werden. Die Form der Aufbauorganisation lässt sich dann logisch und konsistent ableiten. Vielfach muss diese nicht einmal angepasst werden.

Diagnostizieren und Gestalten

In acht Kapiteln wird die Methode Schritt um Schritt vorgestellt, und zwar in Form eines Diagnoseprozesses. Während der Diagnose wird schon klar, ob die bestehende Aufbauorganisation bestehen bleibt oder neu strukturiert werden muss.

Die Diagnose folgt den strategischen Prinzipien des Geschäftemachens, i.e. sie geht vom Kundennutzen aus. Es geht dann bei der Gestaltung um Fragen der Komplexität, das Prüfen und Gestalten von Steuerungsfunktionen und Kommunikationskanälen.

Mit Beispielen aus der Praxis wird das dargestellte jeweils plausibilisiert – und es wirkt glaubwürdig – denn einerseits wird klar, dass Martin das System viele Jahre studiert hat, mit den Protagonisten und Urheber Stafford Beer viele Gespräche geführt und sich intensiv mit den theoretischen Grundlagen auseinandergesetzt hat und gleichzeitig viele Diskussionen und Projekte mit Organisationen durchgeführt hat – eine grossartige Ergänzung von Praxis und Theorie.

Vom Wissen zum Nutzen

Nun werden konkrete Vorlagen und Anweisungen zum Vorgehen aufgezeigt:

- Wie wird die Organisation verständlich gemacht mit der Darstellung von Steuerungsorganisation und Organigrammen – ja, richtige altmodische Organigramme. Es geht hier eben nicht einfach um «früher so und heute anders». Das Bestehende wird nicht weggeworfen, sondern ergänzt.
- Wie wird erfolgreich umgesetzt – inkrementell oder alles auf einmal.
- Dann zeigt er Beispiele von typischen Schnelldiagnosen
- Und zu guter Letzt: «The proof of the Pudding is in the Eating»

Das Modell ist für jede Organisation anwendbar – klein oder gross, Unternehmen oder NGO, Institutionen oder Verwaltungen, ja sogar für Gemeinschaften wie die Familie, die Gemeinde oder der Staat. Ebenso können Projekte mit den gleichen Grundsätzen gesteuert werden: Es geht darum, die Steuerung zu steuern.

Das Viable System Model[2]

Stafford Beer ist der Begründer des Viable System Model (VSM), das in Deutsch etwa mit «Modell lebensfähiger Systeme» übersetzt werden kann. 1959 hat er es in seinem Buch Kybernetik und Management erstmals beschrieben. Das VSM wird als Modell benutzt, um Organisationen zu beschreiben und zu diagnostizieren. Damit werden die Managementfunktionen auf jeder Organisationsebene erfasst und der Informationsfluss zwischen den Elementen und Ebenen dargestellt. Aus dieser Basis können die richtigen Fragen gestellt werden.

Das VSM ist ein systemorientierter Ansatz, da eine Organisation als System gedacht wird, in dem Elemente miteinander in Beziehung stehen, einander beeinflussen und die Organisation selbst als Element im System der Aussenwelt eingebunden ist.

---

[2] Wikipedia

Das Prinzip der Lebensfähigkeit

Um lebensfähig zu sein, muss sich ein System dauernd anpassen, und zwar nach innen und nach aussen. Es muss Veränderungen wahrnehmen, diese richtig bewerten, daraus lernen und selbständig, d.h. von sich aus reagieren. In diesem Prozess behält das System die eigene Identität und gibt diese nie auf.

S. Beer definiert die Lebensfähigkeit wie folgt:

Das Ziel eines Unternehmens ist nicht die Gewinnmaximierung, sondern es geht um die Lebensfähigkeit. Es geht immer ums Überleben.

Entscheidend ist nicht das Führen von Menschen, sondern das Steuern und Regulieren der gesamten Organisationen in ihrem Umfeld.

Das Management einer Organisation ist nicht die Aufgaben einiger weniger (der Manager), sondern alle Beteiligten (Mitarbeiter) müssen ihren Teil zum Management beitragen und bestimmt Aufgaben ausführen.

Anstatt dass die Organisation zentral oder von oben gemanagt wird, geschieht die Steuerung durch Informationsnetzwerke. Dadurch entsteht Selbstorganisation, in der jeder Beteiligte in seiner Position alles Nötige selbstständig entscheidet und ausführt. Mit dem VSM hat Beer die Menschen, die Instrumente und die Aufgaben so organisiert, dass sich jeder auf die nötigen Informationen stützen kann, um seinen Beitrag zum Ganzen zu leisten.

Aufbau des VSM

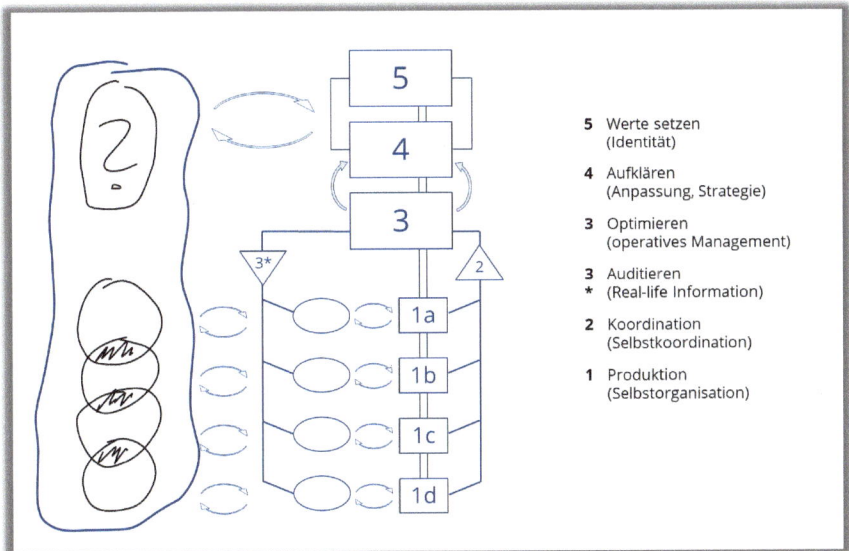

Abbildung 1: Beispielhafte Darstellung des Viable System Modells mit vier operativen 1er Systemen

Mit dem VSM hat Beer ein Modell geschaffen, mit dem das nicht nur jede Organisation, sondern auch jeden Organismus abgebildet werden kann. Damit ist VSM ein Konzept, das universell eingesetzt werden kann. Unser Fokus liegt allerdings im Bereich der wirtschaftlich betriebenen Unternehmen. Diese lassen sich als lebensfähige Systeme mit dem VSM in fünf Subsysteme aufteilen:

System 1   Die operativen Einheiten, die die Produkte herstellen (Wertschöpfende Aktivitäten). Diese Einheiten sind selbst lebensfähig, d.h., sie können wieder in Subsysteme unterteilt werden. Damit bekommen wir ein rekursives System.

System 2   Die Koordination zwischen den wertschöpfenden Systemen. Über dieses System organisieren sich die Systeme 1 untereinander. Hier finden wir Selbstorganisation im System.

System 3   Die Optimierung und Auditierung. System 3 sorgt für die Optimierung des heutigen Geschäftes, für die Ressourcenverwendung im Hier und Jetzt. System 3 wird auch als «operatives Management»
System 3* wurde von Beer nachträglich eingefügt. Es stellte sich die

Frage: Wie kann das System 3 wissen, was wirklich passiert; z.B. bei einem Kunden. System 3* liefert ungefilterte Informationen aus den Operationen direkt ins System 1.

System 4 Zukunftsanalyse, Aufklärung und Erneuerung. Es beschäftigt sich mit der Zukunft und der Umwelt des Gesamtsystems. Während System 3 die heutigen Erfolgspotenziale ausschöpft, sucht das System 4 nach zukünftigen Erfolgspotenzialen. Typische Funktionen sind Forschung und Entwicklung, Marktforschung, Strategiefindung, Unternehmensplanung, Marketing und Kommunikation und Mitarbeiterentwicklung.

System 5 Normative Steuerung. Es geht um die Identität: Wer will ich sein? Wie soll das Unternehmen funktionieren? System 5 ist die oberste Entscheidungseinheit und regelt das Zusammenspiel von System 4 mit System 3. Können sich System 3 und 4 nicht über einen gemeinsamen Kurs einigen, trifft System 5 die endgültige Entscheidung.

Das System 1 ist das Fundament des Hauses, mit dem das Unternehmen seinen Zweck erfüllt. Das System 5 denkt nur darüber nach, was der Zweck sein sollte. Erfüllt wird er durch die operativen Einheiten, indem sie das tun, wofür Kunden oder Leistungsempfänger bezahlen.

Stafford Beer sagt dazu:

> „The purpose of a system is what it does. And what the viable system does is done by System One." – Den Zweck oder Nutzen eines Systems erkenne ich am System 1.

Das VSM ist ein rekursives Modell. Das bedeutet, dass jedes System 1 wieder in die 5 Subsysteme unterteilt werden kann. Es bekommt die Systeme 3, 4 und 5 als Lenkungssysteme sowie die Systeme 1 (Operation) und 2 (Koordination). Das Viable System Model weist somit auf allen seinen Ebenen die gleiche Grundstruktur auf.

Das Modell ist im Prinzip für jede lebensfähige Organisation anwendbar – klein oder gross, Unternehmen oder NGO, Institutionen oder Verwaltungen, ja sogar für Gemeinschaften wie die Familie, die Gemeinde oder der Staat. Ebenso können Projekte mit den gleichen Grundsätzen gesteuert werden:

> Es geht darum, die Steuerung zu steuern.

DIE GRUNDSTRUKTUR GESTALTEN

Diagnostizieren und Gestalten[3]

Wie können wir jetzt die Organisation neu überdenken und so anpassen, dass sie den Anforderungen aus der Strategie entspricht. Wir folgen hier dem Vorschlag, den M. Pfiffner in seinem oben erwähnten Buch aufgezeigt hat und geben diesen hier in einer gekürzten Version wieder:

Die Diagnose und Gestaltung folgt den strategischen Prinzipien des Geschäftemachens, i.e. sie geht vom Kundennutzen aus. Es geht dann bei der Gestaltung um Fragen der Komplexität, das Prüfen und Gestalten von Steuerungsfunktionen und Kommunikationskanälen.

Wir beginnen unsere Diagnose damit, dass wir zuerst alle operativen Einheiten des Unternehmens aufmalen. Dabei stellen wir die verschiedenen Rekursionsebenen dar. So bekommen wir einen Gesamtüberblick über die Organisation. Das Ziel ist es, herauszufinden, welche Rekursionsebenen wir uns fokussieren wollen, um die operativen Einheiten, d.h. die Systeme 1 auf dieser Ebene zu gestalten.

So beginnen wir mit dem, was das Unternehmen ausmacht, nämlich mit seinen wichtigsten Bausteinen. Diese bilden das Fundament. Alles weitere dient diesen operativen Einheiten zu. Wenn wir diese Bausteine nicht richtig setzen, kann das auch durch ein noch so gutes Steuerungssystem nicht ausgeglichen werden. Wenn diese Bausteine aber richtig gesetzt sind, können wir – zumindest für eine gewisse Zeit – auch mit einem unvollkommenen Steuerungssystem leben.

Mit diesem Fundament gestalten wir auch den Zweck unseres Unternehmens, denn das Unternehmen erfüllt seinen Zweck durch das System 1. Es ist nicht das System 5 – dieses denkt nur darüber nach, was der Zweck sein könnte. Erst durch die operativen Einheiten wird er auch erfüllt, nämlich indem sie das tun, wofür die Kunden bezahlen.

> The purpose of a system is – what it does! (Stafford Beer)

---

[3] Nach «Die Dritte Dimension» von M. Pfiffner

Diese Aussage von Stafford Beer bringt es auf den Punkt: Das, was in unserem Leitbild oder Mission Statement steht, bestimmt nicht, was der Zweck des Unternehmens ist. Es beschreibt dies nur, mehr oder weniger genau. Erst das, was das Unternehmen in seinen operativen Einheiten wirklich tut, macht den Zweck des Unternehmens aus. Falls das nicht mit dem übereinstimmt, was die Unternehmenspolitik vorgibt oder möchte, muss das Unternehmen anders gestaltet werden.

Was also sind diese elementaren Bausteine des Unternehmens, wie finden wir sie und wie legen wir sie fest? Etwas Ganzes kann man immer auf verschiedene Arten zerlegen, aber welche ist die Richtige? Das ist die Frage, die es zu beantworten gilt. Die richtige Gestaltung der operativen Einheiten (Systeme 1) bestimmt die Anforderungen an das Steuerungssystem. Je nachdem, wie wir die Segmentierung vornehmen, ergeben sich unterschiedlich grosse Überschneidungen zwischen den Umwelten der operativen Einheiten, und damit auch kleinere oder grössere Abhängigkeiten zwischen ihren Operationen.

Mit der Gestaltung der operativen Einheiten entscheiden wir also erstens darüber, welchen Zweck das Unternehmen erfüllt wird und zweitens, wie einfach oder schwierig das zu steuern sein wird. Wie also finden wir die geeignete Segmentierung für unser System 1? Von welchem System 1 reden wir überhaupt? Für die Lösung dieser Fragen gibt es ein einfaches und klares Vorgehen, das wir im Folgenden aufzeigen.

Rekursionsebenen aufnehmen

Als Erstes gehen wir von der IST-Organisation aus und zeichnen wir alle Rekursionsebenen auf. Das sind die ergebnisverantwortlichen Einheiten auf allen Management-Ebenen, über die heute faktisch geführt wird.

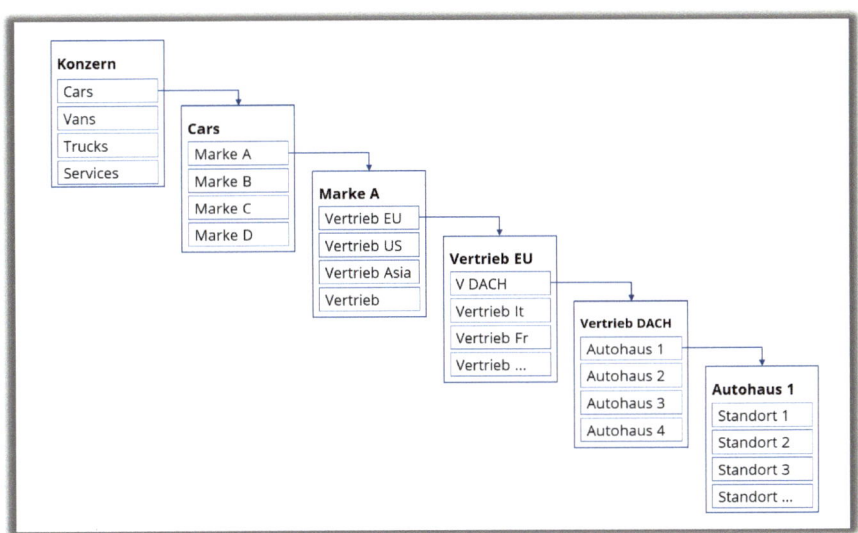

Abbildung 2: Rekursionsebenen am Beispiel eines Automotive-Konzerns[4]

Dabei sind folgende Fragen zu beantworten:

Frage 1   Welches sind die Einheiten, die heute mit Strategien, Budgets und Erfolgsrechnungen geplant und gesteuert werden? Normalerweise sind operative Einheiten ergebnisverantwortlich. Es geht hier aber nicht um juristische oder handelsrechtliche Einheiten. Relevant ist die Management-Sicht, nicht die juristische Sicht

Frage 2   Sind alle Einheiten, die wir aufgezeichnet haben, operativ und zweckerfüllend? Sind keine unterstützenden Einheiten dabei? Unterstützende Funktionen höchsten indirekt zweckerfüllend. Sie sind auch nicht direkt ergebnisverantwortlich, sondern leistungsverantwortlich, was sich manchmal im Begriff Cost Center äussert.

Frage 3   Welche die Einheiten können relativ autonom oder selbständig funktionieren? Welche Einheiten könnten als Geschäftseinheit verkauft

---

[4] Die Vorlagen für die Charts in diesem Kapitel sind dem Buch «die dritte Dimension des Organisierens» von M. Pfiffner entnommen.

werden und quasi weiterhin autonom existieren? Einheiten, die das können, sind operative, lebensfähige Einheiten.

Das System in Focus festlegen

Für die Segmentierung und Gestaltung müssen wir auf einer Ebene anfangen. Diese ist aber weder ganz ober noch ganz unten. Grundsätzlich ist jede Ebene wählbar, wir suchen uns aber diejenige aus, wo der tatsächliche Kundennutzen entsteht. Es ist die Ebene, die der Kunde wahrnimmt und wo er die Leistung des Unternehmens empfängt und dafür bezahlt. Diese Ebene bezeichnen wir dann als «System in Fokus» (SIF) und legen sie als Rekursionsebene 0 fest (R0). Die Rekursionsebenen darüber bezeichnen wir mit R+1, R+2, R+3, … und die Rekursionsebenen darunter mit R-1, R-2, R-3, … (Abb. 14). Diese Nummerierung wird uns später helfen, wenn wir in die Arbeit und in die Diskussionen eintauchen.

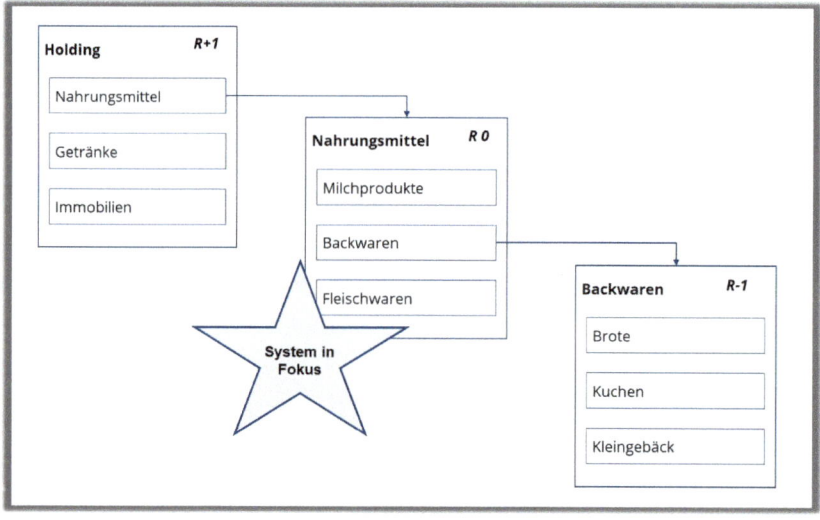

Abbildung 3: Bestimmung der Rekursionsebenen und des «System in Focus» (SIF)

Die Segmentierung prüfen

Wir haben also die Rekursionsebenen aufgeführt und das SIF gewählt. Wir sind aber immer noch beim IST und es stellen sich die nächsten Fragen:

Ist die aktuelle Segmentierung der operativen Einheiten auch richtig für die Zukunft? Verankern wir mit dieser Organisation tatsächlich Verantwortung für Kundennutzen? Wird sie unsere Stärken wirksam machen und uns helfen, unsere strategischen Stossrichtungen umzusetzen?

Mit welcher Segmentierung können wir den Zweck unseres Unternehmens am besten erfüllen. Dieser Zweck aber entsteht beim Kunden, dafür ist er bereit zu bezahlen, und deshalb sind es seine Bedürfnisse, die entscheiden. Je nach Segmentierung erzielt eine andere Wirkung bei ihm. Also müssen wir uns darüber im Klaren sein, welche Wirkung wir beim Kunden erzielen wollen.

Und weiter wollen wir mit der Segmentierung sicherstellen, dass selbststeuernde Einheiten geschaffen haben. Diese bekommen dann alles, was sie für ihren Erfolg brauchen, an die Hand. Es geht darum, Autonomie zu verankern und den Unternehmer im Unternehmen schaffen. Indem wir lebensfähige, eigenverantwortliche Einheiten gestalten, organisieren wir Selbstorganisation.

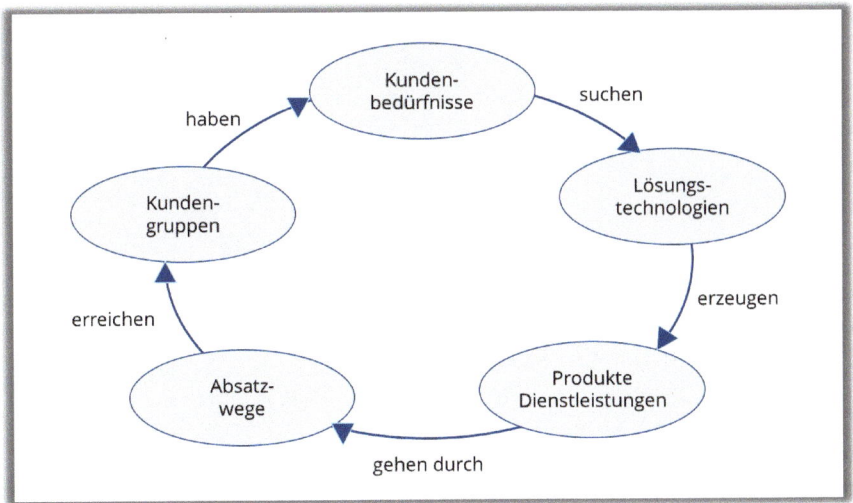

Abbildung 4: Möglichkeiten der Segmentierung

Wir überprüfen, welche anderen Segmentierungsmöglichkeiten es neben der heutigen noch gäbe. Wie Abb. 15 zeigt, kann jedes Geschäft nach verschiedenen Arten segmentiert werden, denn jedes Geschäft

- erreicht Kundengruppen
- die Kundenbedürfnisse haben
- die durch Lösungstechnologien bedient werden
- die Produkte oder Dienstleistungen erzeugen
- die durch Absatzwege zu den Kundengruppen fliessen

Ein Geschäft kann über jede dieser Dimensionen gesteuert werden. Es sind auch weitere Dimensionen möglich, wie z.B. Verwendungssituation oder Regionen. Es geht jetzt darum, die primäre Steuerungsdimension zu finden, über die unser Unternehmen geführt werden soll.

Mit der Segmentierung seines Geschäftes legt das Unternehmen fest, mit welchen Stärken es bestmöglich auf die Bedürfnisse seiner Kunden eingehen will und wie es dem Wettbewerb begegnen will. Grundsätzlich gibt es viele Segmentierungsmöglichkeiten. Jedoch kommen normalerweise nur drei bis vier Möglichkeiten in Frage. Dazu erstellen wir Segmentierungsdiagramm, in dem wir diese Varianten in den Titel der Spalten eintragen.

Für jede Variante führen wir dann auf, welche operativen Einheiten wir damit hätten. Die erste Variante ist dabei die Segmentierung, die wir heute schon haben. Für eine ausreichend breite Prüfung sollte man drei bis fünf Varianten aufführen und diskutieren. Möglicherweise wird die aktuelle Variante am Schluss bestätigt, da keine der anderen Varianten ihr gegenüber einen wesentlichen Vorteil aufweist.

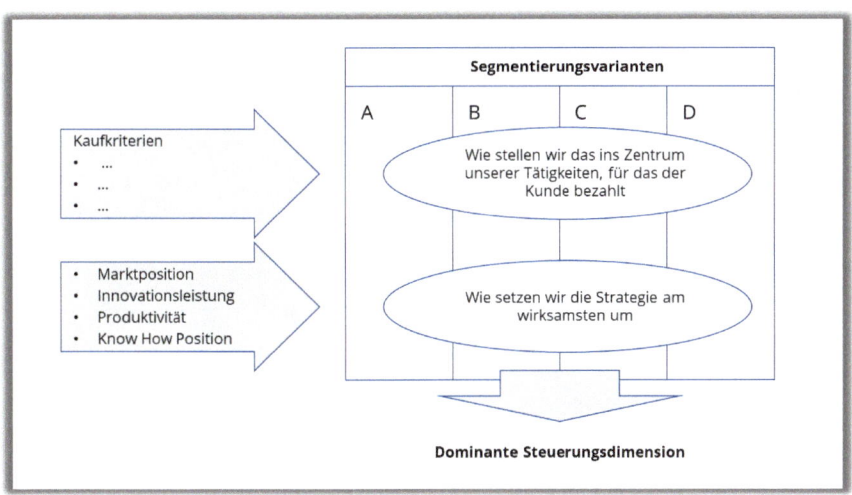

Abbildung 5: Die Segmentierung prüfen und bestimmen

Die erste Kriteriengruppe

In die Zeilen des Segmentierungsdiagramms schreiben wir die Kriterien, nach denen wir die Varianten beurteilen. Diese bestehen aus zwei Gruppen. Die erste Gruppe orientiert sich an der ersten Grundfrage des Organisierens, wie sie schon Peter Drucker formuliert hat:

Wie müssen wir uns organisieren, damit das, wofür unsere Kunden bezahlen, im Zentrum der Aufmerksamkeit steht, und von dort nicht wieder verschwinden kann?

Wir überlegen uns also, wofür unsere Kunden (wirklich?) bezahlen.

Wir legen also eine Liste der kaufentscheidenden Kriterien fest. Diese können sich auf das Produkt beziehen, aber auch auf den Service oder das Unternehmen selbst – z.B. das Image. Es sind die Kriterien, nach denen der Kunde im Moment der Kaufes entscheidet, bei welchen Anbieter er das Geld auf die Theke legt. Wie George A. Miller in den 1960er-Jahren in einem der meistzitierten Artikel der Psychologie gezeigt hatte, begrenzt die Aufmerksamkeitsspanne des Menschen diese Auswahl normalerweise auf die „magische

Zahl von sieben plus/minus zwei" Kriterien[5]. D.h. normalerweise beachtet der Kunde ungefähr fünf bis neun verschiedene Aspekte, bevor er sich entschliesst, ein Auto oder Smartphone zu kaufen.

Die zweite Kriteriengruppe

Mit der zweiten Kriteriengruppe berücksichtigen wir die Strategie. Wir suchen diejenige Segmentierung, die es uns ermöglicht, die strategischen Stossrichtungen effizient und effektiv umzusetzen. Empirischer Langzeitstudien über die Korrelation von strategischen Erfolgsfaktoren mit dem tatsächlichen Erfolg von Unternehmen zeigen, welche Faktoren dabei eine Rolle spielen. Gemäss PIMS bestimmen sie zusammen etwa 70 % des Unternehmenserfolges[6].

Eine Strategie besteht aus strategischen Stossrichtungen, die diese Faktoren zum Inhalt haben. Diese Strategie besteht aus einem kongruenten Dreieck von Zielen, Mitteln und Massnahmen: Welche Ziele wollen wir mit welchen strategischen Stossrichtungen erreichen, und welche Ressourcen benötigten wir dazu? Insgesamt sind es sechs Faktoren, über die eine Strategie Aussagen treffen muss:

1. **Marktposition:** Ausgehend vom Marktanteil, der im BCG-Portfolio als Messgrösse genommen wurde, bestimmen heute weitere Faktoren die Marktposition. Es sind dies der relative Marktanteil und die relative Qualität (siehe dazu Bestimmung des Kundennutzens). Wo wollen wir Marktanteile halten oder gewinnen? Mit welchen Argumenten wollen wir welchem Wettbewerber wie viel Marktanteil wegnehmen? Womit stärken wir unsere Position im Kundennutzen gegenüber dem Wettbewerb?
2. **Innovationsfähigkeit:** Welche neuen Produkte, Dienstleistungen oder Geschäftsmodelle benötigen wir, um in Zukunft erfolgreich sein? Was müssen wir heute leisten, um auch in Zukunft dem Wettbewerb einen Schritt voraus zu sein? Wie müssen wir unser Unternehmen und unsere Kultur dazu anpassen?
3. **Kostenposition:** Wie kann die Produktivität von Arbeit, Wissen und Geldmitteln erhöht werden, um eine Kostenposition zu erreichen, die es uns erlaubt, unsere Leistungen zu attraktiven Preisen anzubieten? Wie müssen die Prozesse verbessert werden, damit wir schneller sind, beispielsweise von der Entwicklung bis

---

[5] Miller, George A. 1956. The magical number seven, plus or minus two: Some limits on our capacity for processing information. The Psychological Review 63: 81–97.
[6] Buzzell, Robert D., und T. Gale Bradley. 1987. Das PIMS-Programm: Strategien und Unternehmenserfolg. Wiesbaden: Springer.

zur Vermarktung? Mit welchen Investitionen können wir unsere Produktivität erhöhen?
4. **Wissensposition (Attraktivität für gute Leute)**: Wie können wir das Wissen der Organisation steigern, wie machen wir unser Unternehmen attraktiv genug für die besten Leute, um in Zukunft das Fachwissen in der Organisation zu haben? Welche und wie viele Fachleute benötigen wir bis wann, und wie wollen wir sie halten oder gewinnen?
5. **Liquidität und Cashflow:** Wie kommen wir zu den finanziellen Mitteln, die wir zur Strategieumsetzung benötigen? Wie gross müssen diese Mittel aufgrund von Investitionen oder allfälligen Durststrecken sein?
6. **Gewinn:** Wie hoch muss die Profitabilität sein, um auf Dauer die notwendigen finanziellen Mittel zu erwirtschaften? Es geht nicht um Gewinnmaximierung, sondern um die Frage: Welchen Gewinn brauchen wir mindestens und wie erzielen wir ihn?

Die Segmentierung festlegen

Nachdem wir das Segmentierungsdiagramm ausgefüllt haben, müssen wir diese bewerten, und zwar quantitativ. Für jedes Kriterium fragen wir uns, welche der vorliegenden Varianten unserem Unternehmen am meisten hilft, erfolgreich zu sein. Wir geben jeder Variante eine Punktzahl. Um eine Variante eindeutig besser oder eine andere eindeutig schlechter bewerten zu können, empfiehlt es sich, die maximale Punktzahl mit der Anzahl Varianten plus eins festzulegen. Z.B. bei 3 Varianten die 1 als die schlechteste und die 4 als die und die höchste Zahl:

		Variante 0 (IST)	Variante I	Variante II
Nr.	Evaluationskriterien	Region	Applikation	Kundengruppe
K1	Technische Qualität	1	4	3
K2	Geschwindigkeit	4	2	1
K3	Leistung der Logistik	4	1	3
K4	Persönliche Beziehungen	4	2	1
K5	Aussendienst Qualität	1	4	3
1	Marktposition	4	2	3
2	Innovationsfähigkeit	1	4	3
3	Kostenposition	3	1	4
4	Wissensposition	4	3	1
5	Liquidität und Cash-Flow	4	3	1
6	Profitabilität	30	26	23
	Total	30	26	23

Es stellt sich meist eine Variante heraus, die eindeutig mehr Punkte erhält als die anderen. Im Falle von gleichviel Punkte muss halt ein unternehmerischer Entscheid gefällt werden. Man kann später einmal wieder anders organisieren.

Somit erhalten wir die Segmentierungsvariante geeinigt haben, die die Kaufkriterien am besten erfüllt und der wir die strategischen Stossrichtungen am wirksamsten realisieren können. Dies ist dann die primäre Steuerungsdimension des Unternehmens. Das bedeutet, dass diese Dimension immer Vorfahrt hat und die Organisation danach ausgerichtet werden kann.

TEIL 2 UMSETZUNG

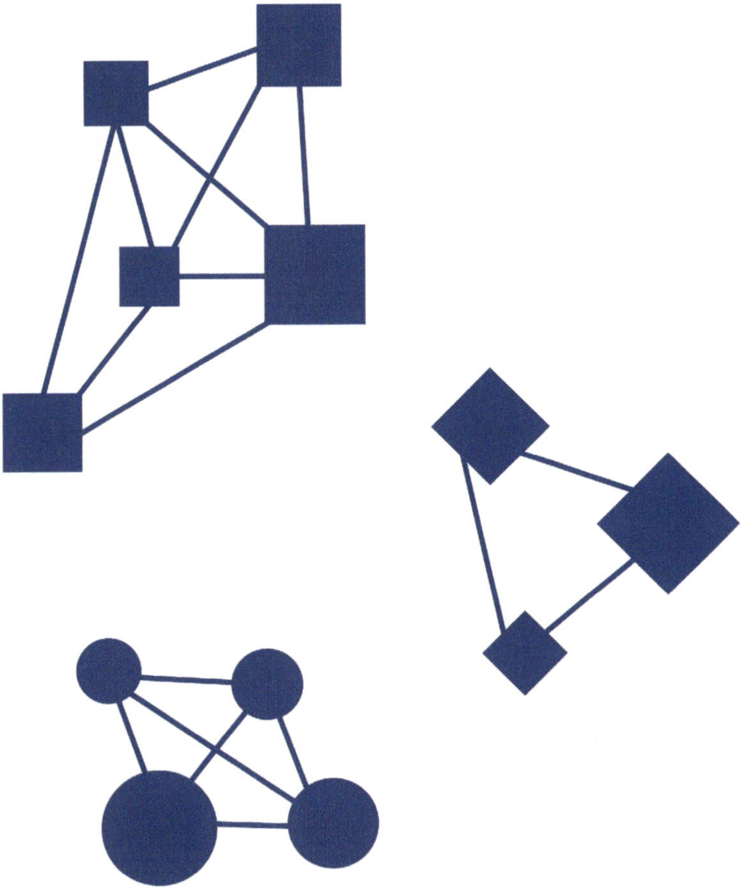

DER PROZESS DER UMSETZUNG

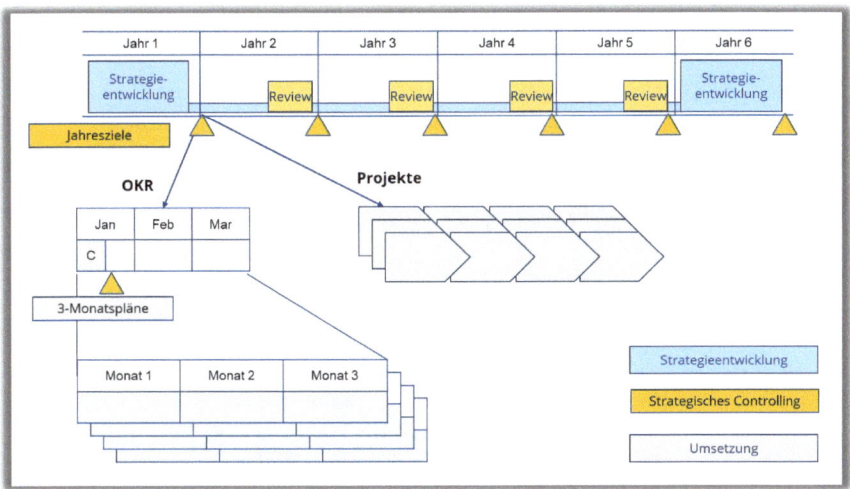

Abbildung 6: Bild aufteilen in Projekte und OKRs

Für die Umsetzung einer Strategie müssen die Stossrichtungen und Ziele operationalisiert werden. Das geschieht klassischerweise mit Massnahmen, oder eher Projekten, die dafür besorgt sein sollen, dass die Aufgaben in Angriff genommen werden und die Ziele mittel- und langfristig erreicht werden.

Wir schlagen hier vor eine Unterscheidung zu machen zwischen konkreten Projekten und Massnahmen, die Schritt für Schritt umgesetzt werden. Es ist nämlich ein Unterschied, ob wir für eine Strategie eine Fabrik bauen oder ob wir versuchen, einen neuen Markt zu erobern. Die Fabrik braucht dazu einen konkreten Plan, ein Projekt, das bis zum Schluss detailliert durchgeplant wird. Die Eroberungen eines Marktes oder auch die Entwicklung einer neuen Dienstleistung hat viele Unwägbarkeiten. Die Umstände können sich ändern oder die Ergebnisse der ersten Phasen sind noch nicht klar.

Die konkreten Projekte werden der klassischen Methode des Projektmanagements aufgesetzt und durchgeführt, entweder von der Linie oder in einem separaten Projektteam. Dazu gibt es Methoden und Instrumente, die ich hier nicht weiter erläutern möchte. Für die zweite Art der strategischen Stossrichtungen orientieren wir uns an der Methode OKR.

OKR ODER EIN SCHRITT NACH DEM ANDERN

Hat man früher versucht, alle Massnahmen als Projekte aufzusetzen, mit langen Planungszeiträumen und diese dann durchzupeitschen. Mit der Methode OKR, die aus den USA kommt und von bei Intel von A. Groves initiiert wurde, steht eine flexible Methode zur Verfügung, die die Unwägbarkeiten von strategischen Vorhaben berücksichtigt und jederzeit flexibel auf neue Umstände reagieren kann.

Geschichte[7]

OKRs wurden zuerst bei Intel eingeführt, als Intel-Mitgründer Andrew Grove das System in Anlehnung an Managementmethoden wie MBO (Management by Objectives) und SMART (Specific Measurable Accepted Realistic Time Bound) entwickelte. Eine breitere Aufmerksamkeit erfuhr OKR durch den Einsatz beim Suchmaschinenanbieter Google, der die Methode seit 1999 nutzt und seitdem dauerhaft im Einsatz hat. Durch die Arbeit des bekannten US-Managers John Doerr[8], der die OKR-Methode mit seiner Beteiligungsgesellschaft Kleiner Perkins Caufield & Byers proklamierte, setzten mit der Zeit weitere bekannte Wachstumsunternehmen den Ansatz ein, darunter das Business-Netzwerk LinkedIn oder der Spieleentwickler Zynga. *Für die Umsetzung des Rahmenwerks sind gängige Intranetlösungen zur Datenablage genügend*, dennoch haben sich mit der zunehmenden Verbreitung auch eine ganze Reihe von Software-Werkzeugen zur Umsetzung von OKR etabliert.

> Während Andrew Grove die Methode in seinem Buch auf zwei Seiten beschreibt,[9] sind die „Lehrbücher" und Software-Werkzeuge heute stark aufgebläht.

OKR im Kontext der Strategieentwicklung

OKR ist somit ein Framework, das die Aufgaben von einzelnen Bereichen, Teams und Mitarbeitern mit Unternehmensstrategien verknüpft. Dabei sind

---

[7] Quelle: Wikipedia
[8] John Doerr: <u>OKR: Objectives & Key Results</u>
[9] Andrew Grove: <u>High Output Management. Random House</u>, 1983. ISBN 0-394-53234-1.

die Aufgaben und Ergebnisse messbar und in dem Sinne transparent, als dass sie von allen Beteiligten eingesehen werden können.

Leitbild:

Vision und Mission des Unternehmens werden im Leitbild dargestellt, um ein Rahmenwerk für die Formulierung der Moals und OKRs zu bilden. Mission und Vision bleiben aber in der Regel unerreichbar. Sie gleichen einer Idealvorstellung, der es so nahe wie möglich zu kommen gilt.

- Zeitrahmen: 5 – 10 Jahre

Unternehmensstrategie

Die Unternehmensstrategie besteht dabei aus der Summe der strategischen Stossrichtungen. Diese umbeschreiben jeweils eine grobe Richtung eines Bereiches oder eines neuen Geschäftes. Diese Stossrichtungen sind mit Potenzialen versehen. (Siehe Whitepaper Stossrichtungen).

- Zeitrahmen: 3 – 5 Jahre

Jahresziele

Die Verbindung der Stossrichtungen mit den OKRs erfolgt über einen Zwischenschritt, den Jahreszielen, die für jede Stossrichtung einmal im Jahr festgelegt werden. Dann werden diese in Objectives heruntergebrochen, die in der Regel einen Zeitraum von drei Monaten abdecken.

Moals steht für „Midterm goals". Sie leiten sich von Vision und Mission, also dem Leitbild des Unternehmens ab, brechen dieses aber in kurzfristigere Ziele herunter, die die Vision und Mission greifbarer machen. Die Moals geben eine Orientierung, welche mittelfristigen Ziele in nächster Zeit für das Unternehmen wichtig sind, um sich langfristig der Mission und Vision anzunähern.

- Zeitrahmen: 1 Jahr

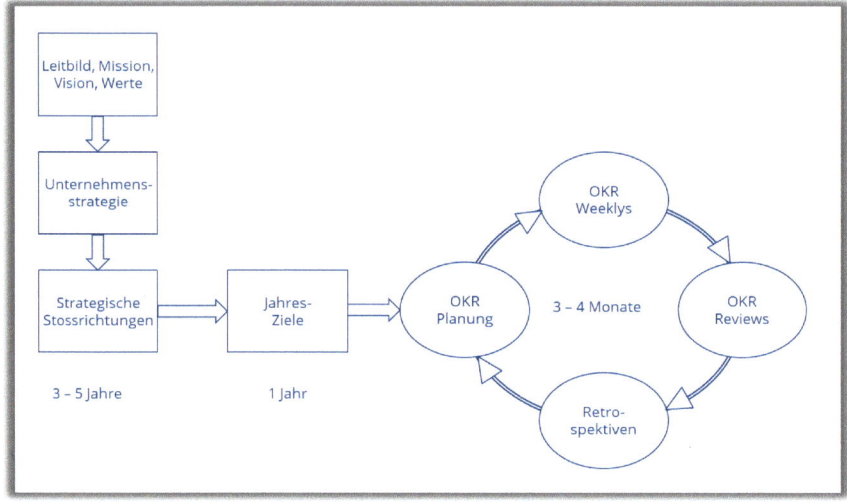

Abbildung 7: OKR im Kontext der Strategieentwicklung

Objectives

Objectives sind kurzfristige Ziele, die die Moals weiter herunterskalieren. Diese werden nun nicht mehr vom Unternehmen vorgegeben, sondern von MitarbeiterInnen und / oder von ganzen Teams definiert. Sie haben einen qualitativen Fokus und sind damit emotionaler behaftet als andere Zielkategorien. Dabei sind sie sowohl zeitlich als auch inhaltlich erreichbar, kontrollierbar, geschäftsfördernd und haben einen motivierenden Charakter.

Für die Objectives wird ein Ergebniskorridor von 70–90 % Zielerreichung anvisiert. Wenn regelmässig 100% oder mehr erreicht werden, müssen die Ziele höher und ambitionierter gesetzt werden. Negative Zielerreichungen werden nicht sanktioniert, sondern als Datenpunkte zur Verbesserung zukünftiger OKRs betrachtet.

Die Ziele (Objectives) werden vom ausführenden Team festgelegt und sind immer sehr ambitioniert. Sie sind nur bedingt konkret. Dafür sind die Schlüsselergebnisse (Key Results) messbar und quantifiziert (z. B. mit Prozentangaben von 0 bis 100 %).

| Zeitrahmen: 3 – 4 Monate

Key Results:

Im Gegensatz zu den Objectives sind die Key Results – zu Deutsch: „Schlüsselergebnisse" – quantitativer Natur. Sie sind konkrete, messbare Massnahmen und sollen für die Erreichung der Objectives sorgen, indem sie definiert und handlungsweisend sind.

Das Key Result legt fest, was zu tun ist, um dort hinzukommen und wie kann das Ergebnisse gemessen werden? Das Key Result muss demnach quantitativ beschrieben werden, damit es gemessen werden kann. Das Objective ist dann erfüllt, wenn die zugeordneten Key Results erreicht sind.

Vorgehen

- OKR-Planung
    - Die OKR-Ziele werden von den Teams entwickelt und mit den Entscheidungsträgern vereinbart.
- OKR-Weeklys
    - Über die nächsten drei Monate wird in wöchentlichen Sitzungen der Fortschritt der Zielverfolgung innerhalb des Teams besprochen und bewertet.
- OKR-Reviews
    - Nach drei Monaten wird für jedes einzelne Objective der Grad der Zielerreichung festgehalten.
    - Die Gründe für eine Über- oder Untererreichung werden ausfindig gemacht.
- Retrospektiven
    - Zum Abschluss wird der vergangene OKR-Zyklus in einer Retrospektive nochmal umfassender analysiert. Das Augenmerk wird in dieser Phase vor allem auf mögliche Optimierungen und Learnings für die Zukunft gelegt. Es geht dabei um eine Prozessanalyse und Optimierung.

Ich erlaube mir, hier noch einmal unser StrategyBoard zu erwähnen, um den Zusammenhang zu zeigen.

Mit dem StrategyBoard stimmen wir die strategischen Stossrichtungen mit den Hauptherausforderungen ab und ergänzen das Board dann mit den Jahreszielen und dem ersten bzw. dem nächsten Schritt, dem Objective für die folgenden der Monate.

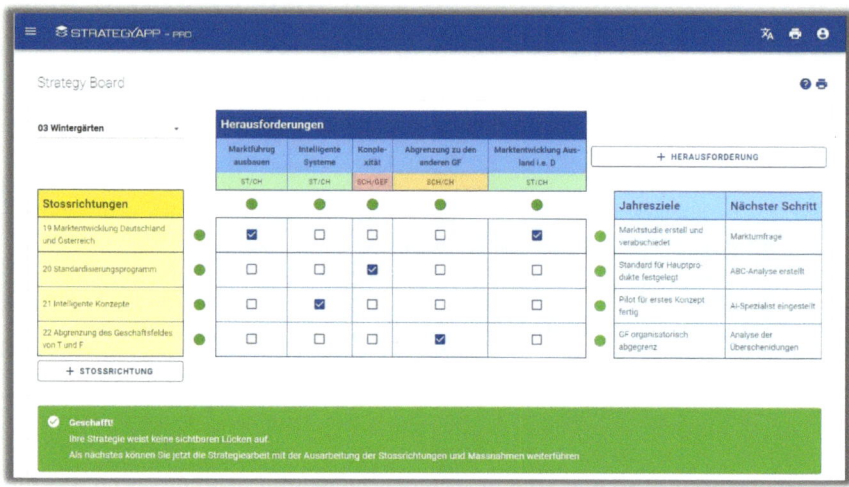

Das Jahresziel wird noch von der Strategie vorgegeben, alle weiteren Vorgabe und Zeitpläne werden vom verantwortlichen Team erstellt; d.h. die eingebundenen Mitarbeiter übernehmen von hier an die Verantwortung.

Caveats

OKR ist keine Mitarbeiterbewertungsmethode, sondern ein Managementansatz zur Zielerreichung. OKR ist nicht an ein Bonussystem gekoppelt.

Natürlich wird ein Rahmenwerk, eine Methode oder ein Modell, das viele Vorteile birgt, auch von Herausforderungen (die sich zu Schwächen entwickeln können) begleitet:

- Fehlende Unterstützung des Managements kann OKR zum Scheitern bringen
- Wenn die Einführung von OKR nicht schlüssig begründet wird, kann die Transparenz der Ziele Druck oder Unmut erzeugen
- Nutzt das Management OKR als „Kontrollinstrument", so können Mitarbeiter ablehnend reagieren und die Potenziale von OKR werden nicht ausgeschöpft
- Zu viele Ziele überfordern schnell das gesamte Unternehmen
- Zu Beginn, während der Einführung von OKR, wird ein zusätzlicher Zeitaufwand benötigt
- Ohne Leitbild wird OKR wenig ausrichten
- Fehlende Disziplin (bezüglich Transparenz, Fokus, Commitment, Selbstorganisation, zeitlichem Aufwand) kann OKR zum Scheitern bringen

- Wenn die OKR-Einführung nicht aktiv als Veränderungsprojekt angesehen wird, so können Ablehnung und Missverständnisse entstehen
- OKR benötigt die Einsatzbereitschaft und zeitliche Kapazitäten (vor allem der OKR-Master)
- OKR erfordert eine entsprechende offene Unternehmenskultur und den Wunsch zur Veränderung in Richtung mehr Agilität
- Die Nutzung von OKR-Software führt zu überkomplexen Prozeduren.

Für eine der besten Beschreibungen vom Wesen und praktischen Einsatz der Methode OKR darf ich den werten Leser auf den Blog von Alexander Diehl verweisen:

Objectives and Key Results (OKR) – Einführung in die OKR Methode
https://digitaleneuordnung.de/blog/okr-methode/

STRATEGISCHES CONTROLLING

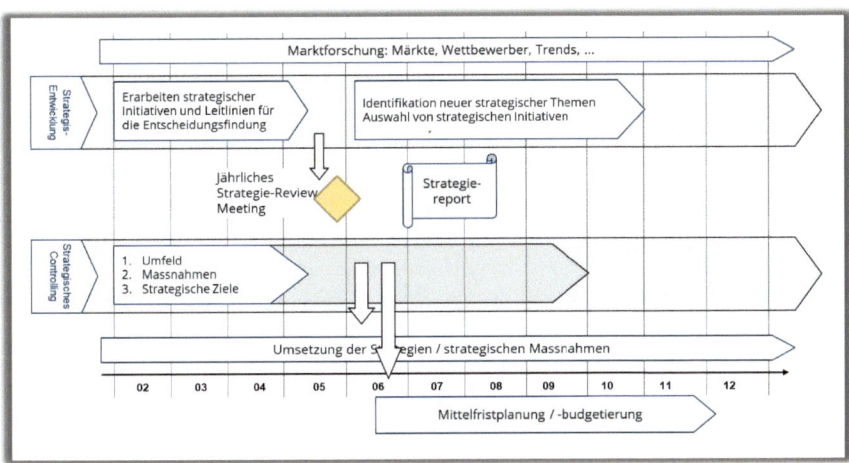

Abbildung 8: Der strategische Planungsprozess

Das strategische Controlling ist eines der Hauptelemente in der strategischen Arbeit. Es steuert und überprüft die Umsetzung der Strategie und hat folgende Aufgaben:

- Das strategische Controlling liefert die Zielorientierung für die Umsetzung von vereinbarten Massnahmen in den Phasen der Strategiebestimmung
- Erstellen eines Frühwarnsystems zur Identifizierung von Abweichungen in den Prämissen. Änderungen innerhalb der Prämissen können den Bereich der Strategieumsetzung, den Zeitrahmen und / oder die Volumina beeinflussen
- Durch das Messen des Erreichungsgrades der strategischen Ziele wird die Effektivität der Strategie sichtbar. Dies ist ein Hauptbeitrag, um Korrekturmassnahmen zu definieren und die Planungsprozesse zu stärken
- Fokussieren der Aufmerksamkeit des Managements auf das Einbeziehen strategischer Fragen, um die Akzeptanz und das Fortschreiten der Strategieumsetzung zu sichern
- Erarbeitung einer Kommunikationsstrategie, um Management und Mitarbeiter über den Fortschritt und die Erfolge der Umsetzung informiert zu halten. Sicherstellen der Akzeptanz des Strategieprogramms, um die notwendige Unterstützung für anstehende Probleme und weitere Verbesserungen zu erhalten
- Als Sparringspartner für das Geschäftslinienmanagement (verantwortlich für die Strategieumsetzung) dienen

- Durchführen von regelmässigen Strategie-Review-Workshops / -Meetings
- Prüfen von Änderungen in den Prämissen, des Erreichens der strategischen Ziele und der Entwicklung der strategischen Massnahmen

Als Führungsmittel zur kontrollierten und gesteuerten Umsetzung von Strategien dienen:

- Durchführen von regelmässigen Strategie-Review-Workshops /-Meetings
- Prüfen von Änderungen in den Prämissen, des Erreichens der strategischen Ziele mittels transparenten und nachvollziehbaren SOLL-IST Vergleichen, und
- Entwicklung von Steuerungs- und Korrekturmassnahmen, um früh- bzw. rechtzeitig die Umsetzung der Strategie, welches naturgemäss eine kritische, wenn nicht sogar die schwierigste Phase im ganzen Prozess ist, effektiv sicherzustellen.

Damit steht das strategische Controlling als Denkweise und Methode im Fokus der Unternehmenssteuerung. Der Job ist nicht getan, wenn nach kreativ spannenden Workshops die Ideen und Strategien in wohlformulierte Optionen und Stossrichtungen gegossen worden sind. Denn jetzt fängt die Arbeit erst richtig an, nämlich die korrekte Planung der Umsetzung und die konsequente Messung des Fortschritts. Erst dann ist die Erreichung der Ziele bestmöglich sichergestellt.

Das strategische Controlling umfasst drei Elemente

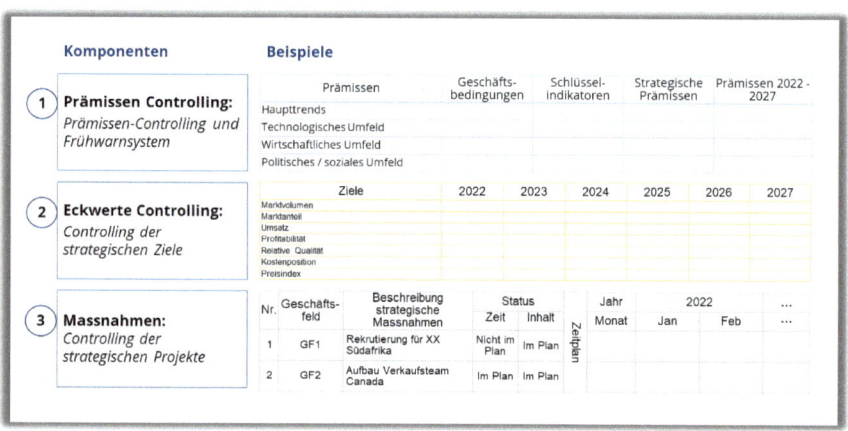

Abbildung 9: Die drei Elemente des strategischen Controllings

- Das Prämissencontrolling mit dem Frühwarnsystem – d.h. haben wir die richtigen Annahmen getroffen und verhält sich die Realität tatsächlich so wie erwartet im Zeitverlauf?
- Mit dem Eckwertecontrolling werden die quantitativen (finanziellen) Ziele wie Umsatzerlöse, Deckungsbeiträge, Ergebnisse und die strategischen Ziele wie bspw. Marktanteile, Innovationsrate, Internationalisierung auch tatsächlich erreicht
- Das Massnahmencontrolling überprüft die strategischen Massnahmen wie bspw. Markteintritt China oder Produktentwicklung und Digitalisierung in der erfolgreichen Umsetzung

PRÄMISSENCONTROLLING

In jeder Strategiedefinition werden Annahmen getroffen, auf welchen die Entwicklung der Strategie beruhen. Eine solche sogenannte Prämisse kann der technologische Fortschritt wie zum Beispiel die voranschreitende Digitalisierung sein. Weitere sind z. Bsp. ein gewisses Kundenverhalten im Sinne einer erhöhten Servicenachfrage, die Konjunkturentwicklung oder bestimmte Erwartungen bezüglich des Marktwachstums.

Die Aufgaben des Prämissencontrollings sind:

- Das frühzeitige Erkennen von externen Entwicklungen, die von den Annahmen bzw. Prämissen abweichen
- Die Beurteilung der Folgen für die Strategieumsetzung sowohl qualitativ (bspw. Paradigmenwechsel im Kundenverhalten führt zu Nachfrageverschiebungen auf Distributionskanälen) als auch quantitativ (Einfluss auf Zielumsätze, Kostenpositionen und Marktanteile)
- Das Einleiten von Korrekturmassnahmen zur Anpassung der Strategie an neue Rahmenbedingungen

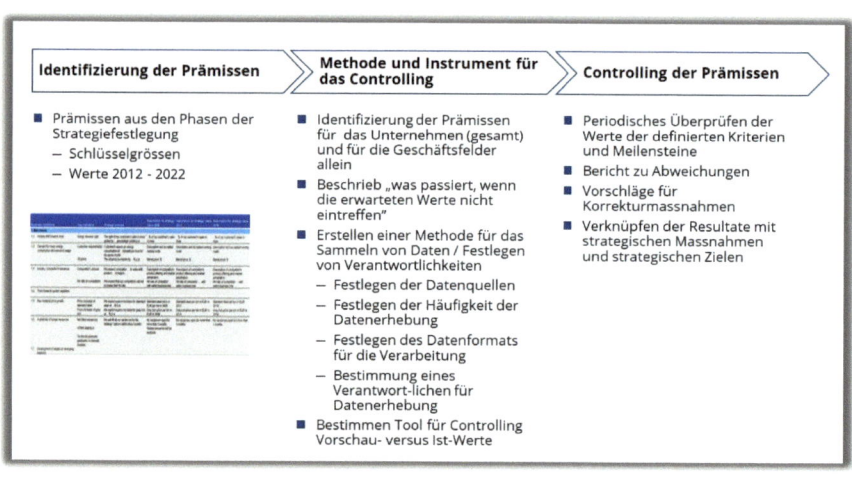

Abbildung 10: Elemente des Prämissencontrolling

Download Whitepaper Prämissencontrolling
https://www.strategy.app/whitepaper_praemissencontrolling

ECKWERTECONTROLLING

Das Eckwertecontrolling ist ein System für das Überprüfen aller definierten und quantifizierten Strategieziele. Es sind dies die Ziele oder Zielsetzungen, die in den Vorgaben für die Unternehmens- und die Geschäftsfeldstrategien definiert wurden. Aber auch die Ziele der einzelnen Stossrichtungen können mit einbezogen werden.

Identifizierung der Strategieziele

- Strategische Ziele aus den Vorgaben (BSC)
    - Marktposition und Marktanteil
    - Relative Qualität
    - Kostenposition
    - Produktivität
    - Finanzziele (Umsatz, Profitabilität)
    - Kundenbindung

Methode und Instrument für das Controlling

- Datenerhebung und Verantwortlichkeiten
    - Bestimmen der Datenquellen
    - Bestimmen der Häufigkeit der Datenerhebung für jede Kennzahl
    - Bestimmen eines Verantwortlichen für die Datenerhebung
- Bestimmung des Tools für das Controlling der Plan- versus Ist-Werte bezüglich der strategischen Ziele

Controlling der Zielrealisierung

- Periodisches Überprüfen der Zielerreichung
- Verknüpfen der Ergebnisse mit den strategischen Massnahmen und den Prämissen
- Vorschläge für Korrekturmassnahmen
- Berichten über den Fortschritt der Zielrealisierung

MASSNAHMENCONTROLLING

Massnahmen heisst nicht

„Wer macht was bis wann" (und hört dann auf, zu machen), sondern
„WER HAT WAS BIS WANN ERLEDIGT"

Abbildung 11: Massnahmencontrolling mit der STRATEGY.APP

Für die Umsetzung der Strategien empfehlen wir zu unterscheiden zwischen

- ... dem Einsatz der Massnahmenliste als strategisches Führungsinstrument
- ... dem Projektmanagement für die operative Umsetzung von klar definierten Projekten

Es ist meist nicht möglich und auch nicht notwendig, alle Massnahmen bin ins letzte Detail auszuarbeiten. Wir empfehlen deshalb ein pragmatisches Vorgehen. Es ist wie beim Wandern in den Bergen: sehen wir mal zu, dass wir bis zur ersten Anhöhe kommen und dann sehen wir weiter – im wahrsten Sinne des Wortes.

Es gibt Massnahmen, die kann man in Form von Zielen direkt in die Linie geben – z.B. die Erhöhung des Absatzes durch gezielte Aktionen oder die

Einsparung von Kosten. Andere erfordern eine zusätzliche Analyse und die Ausarbeitung eines konkreten Projektplans. Im zweiten Fall werden wir erstmal diese Ausarbeitung und die Verabschiedung als Massnahme festhalten.

Die regelmässige Überprüfung der Umsetzung beinhaltet nicht nur eine Fortschrittskontrolle, sondern auch die weitere Ausarbeitung der Massnahmen – eben von der Anhöhe aus, von der man wieder weitersehen kann, um das Beispiel der Bergwanderung aufzunehmen. Zum Thema strategisches Controlling werden wir ein separates Whitepaper verfassen.

Ich habe bei der Massnahmenerarbeitung viel mit Pinnwänden gearbeitet. Damit die gesamte Strategie und die Umsetzung übersichtlich darstellen und diskutieren.

Massnahmenliste als Führungsinstrument

Die Massnahmenliste ist das Herzstück der Strategieumsetzung. Das Instrument ist erst wirksam, wenn alle hier aufgeführten Massnahmen in der operativen Linie und in der Berichterstattung verankert sind. Wenn die Massnahmen, sowohl die strategischen als auch die operativen, einmal in der Organisation verteilt und eingebettet sind, ist die Massnahmenliste ein probates Instrument, um die Umsetzung zu begleiten und im gegeben Fall auch zu steuern.

Wir arbeiten mit einer einfachen Excel-Tabelle. Das gleiche Prinzip kann aber auch auf einer anderen Basis dargestellt und eingesetzt werden.

Die Geschäftsführung und der Verwaltungsrat sind daran interessiert, ob und wann die Ziele erreicht werden, ob wir bei der Umsetzung auf dem Weg sind und ob es Hindernisse oder Probleme gibt. Bei Problemen erwartet die Geschäftsleitung einen Lösungsvorschlag in Form einer Entscheidungsvorlage:

Werden mehr Ressourcen benötigt? Muss der Zeitplan angepasst werden? Müssen die Ziele angepasst werden?

Operatives Projektmanagement

Wir stellen hier kein Projektmanagementtool vor – davon gibt es zur Genüge und die Arbeit um das Projektmanagement ist bekannt, sind die Punkte 1 und 2 erfüllt, so ist das für die meisten Unternehmen schon die halbe Miete.

In grösseren Unternehmen kann für die Steuerung und das Controlling der strategischen Massnahmen ein Projekt-Management-Office (PMO) eingerichtet werden. Das PMO unterstützt die Ausarbeitung der Massnahmen sowie in der Folge das Aufsetzen des strategischen Controllings; es übernimmt danach die Steuerung der Umsetzung.

Hinweis 1:

Die Summe der Massnahmenziele muss nicht gleich dem Ziel der Stossrichtung sein, denn eine operative Massnahmenliste, die sich über mehr als 2 – 3 Jahre erstreckt, können Sie gleich im Abfallkübel entsorgen. Nach spätestens einem Jahr wird sie obsolet.

Legen Sie die Ziele für die Massnahmen so weit in die Zukunft fest, als sie operativ überprüft werden können. Im jährlichen Strategiereview passen Sie die Strategie mitsamt den Massnahmen wieder neu an (Siehe dazu Whitepaper – der Strategiereview).

Hinweis 2:

Unterteilen Sie in operative und strategische Massnahmen. Die operativen Massnahmen werden zur Umsetzung an die Linie gegeben, währenddem für die strategischen Massnahmen meist nicht von der Linie übernommen werden können, da sie Zusatzaufgaben beinhalten. Sie verändern die Struktur oder die Systeme und schaffen die Voraussetzungen für die Umsetzung der Strategie.

Als Beispiel lässt sich ein Logistikkonzept mit einem neuen Logistikcenter anführen. Planung und Steuerung müssen hier zentral erfolgen. Erst wenn das Center steht, kann die Linie damit die Umsätze erzielen, die von der Strategie vorgegeben werden. Als weiteres Beispiel soll ein IT-System dienen, das die Kundenkontakte automatisiert. Die Einführung eines CRM-Systems ist ein strategisches Projekt, das aus der IT-Abteilung heraus gesteuert wird. Im Gegensatz dazu können diejenigen Massnahmen, die den Ausbau des bestehenden Geschäftes betreffen oder den operativen Aufbau eines neuen Geschäftes (markt- oder produktbezogen), von der Linie selbst durchgeführt werden.

Download Whitepaper Massnahmen
https://www.strategy.app/whitepaper_massnahmen

DAS FRÜHWARNSYSTEM

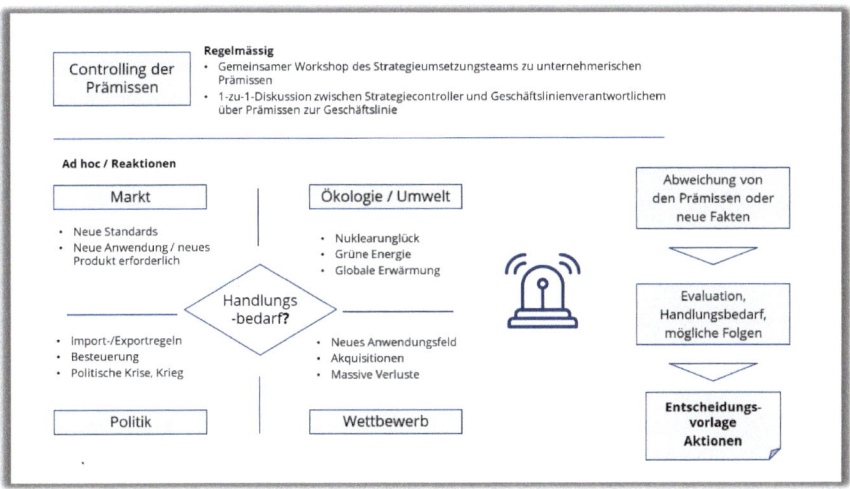

Abbildung 12: Konzept Frühwarnsystem

Das Frühwarnsystem ist ein Instrument, das eine etwas spezielle Rolle einnimmt. Es gehört zum strategischen Controlling und darin zum Prämissencontrolling. Im Gegensatz zu periodischen Einsatz anderer Instrumente ist die Anwendung des Frühwarnsystems nicht planbar. Es muss immer einsatzbereit, denn es kommt dann zur Anwendung, wenn etwas Unvorhergesehenes passiert. Wenn ein Ereignis eintrifft, das einen Teil oder die ganze Strategie in Frage stellt. Das kann im Markt, im politischen und ökologischen Umfeld sowie auf Seiten der Wettbewerber. Oder es ist eines, das das Sozialleben auf den Kopf stellt, wie das im Jahre 2020 mit der Corona-Pandemie der Fall war. Jetzt zählen die ganzen strategischen Pläne nicht mehr oder nur mehr teilweise. Die Strategie muss überdacht und angepasst werden – und zwar subito.

Das Frühwarnsystem versucht, solche Ereignisse möglichst früh zu erkennen und zu bewerten, um nicht nur reagieren zu müssen.

MITARBEITER SIND DIE BESTEN STRATEGEN[10]

---

[10] Erstveröffentlichung von mir als Broschüre im Jahr 2011, Abdruck im Strategieleitfaden und Kindle am 18. Februar 2012

These 1

Strategisches Denken und Handeln der Mitarbeiter sind für ein Unternehmen überlebenswichtig

Strategisches Denken und Handeln vor Ort

Je grösser und internationaler das Unternehmen, je breiter die Kundenkontakte, je globaler die Märkte, desto erfolgskritischer werden unternehmerische Entscheidungen und Handlungen der Führungskräfte vor Ort für den Erfolg des Unternehmens.

Weil eine zentrale Unternehmensstrategie nie alle Einflüsse und Risiken vor Ort berücksichtigen kann, denen ein globales Unternehmen ausgesetzt ist, erfordern lokale und regionale Gegebenheiten Anpassungen, die vom Management vor Ort erkannt und vorgenommen werden müssen. Dies bedeutet, dass unternehmerische Entscheide auch vor Ort getroffen werden müssen.

Innovation und kontinuierliche Verbesserung

Innovation sichert die Zukunft des Unternehmens. Ohne die dauernde Unterstützung der eigenen Mitarbeiter kann aber ein Unternehmen nicht innovativ sein – Innovation kann man nicht kaufen. Die Mitarbeiter müssen eingebunden werden und es ist deren Aufgabe, Produkte und Dienstleistungen, Prozesse und Abläufe immer wieder zu verbessern und die Geschäftsmodelle zu optimieren.

Unternehmerisches Denken und Handeln ist somit Bestandteil der Aufgabenbeschreibung für alle Mitarbeiter; und zwar über alle Hierarchiestufen hinweg.

Ausbildung

Folglich müssen Nachwuchskräfte stetig und sorgfältig auf strategische Aufgaben vorbereitet werden. Strategisches Management wird somit zum integralen Bestandteil der Ausbildung und Karriereplanung.

These 2

Mitarbeiter lernen strategisches Denken nicht in Seminaren, sondern bei praktischen strategischen Aufgaben

Lernen in der Praxis

Tennis lernt man nicht im Seminar. Strategie auch nicht. Ein strategisches Thema entwickeln, analysieren, aufbereiten, vorlegen und umsetzen lernt man nur, indem man von der Vision bis zur Umsetzung aktiv mitarbeitet.

Die Unternehmensleitung erteilt den Auftrag und gibt den Rahmen vor. Das Team sammelt Informationen und Daten, analysiert und bewertet diese und erarbeitet daraus strategische Optionen. Diese werden bei Review-Meetings mit dem Auftraggeber abgestimmt, im Detail ausgearbeitet und der Geschäftsleitung zur Entscheidung vorgelegt.

Es ist also die Aufgabe der Geschäftsleitung, für eine Strategie zu sorgen, nicht jedoch, alles im Alleingang zu erarbeiten!

Aufbau von Wissen

Die Mitarbeiter im Unternehmen entwickeln auf diese Art breitflächig strategisches Wissen und Können, Sinn für das Machbare und damit auch Führungsstärke.

Die Erarbeitung von strategischen Aufgaben kann in einem Ausbildungsprogramm für High-Potential mit strategischen Initiativen beginnen und je nach Stufe an die Erfordernisse und Aufgaben des Managements angepasst werden – bis hin zur Erarbeitung von ganzen Geschäftsfeld- und Unternehmensstrategien mit den Schlüsselpersonen.

Je nach Stufe und Aufgabenstellung verbringen Schlüsselpersonen so rund 10 – 20% der Zeit mit strategischen Aufgaben.

These 3

Die besten Strategen für ein Unternehmen sind seine Mitarbeiter

Externes Wissen ist auch der Konkurrenz zugänglich

Die übliche Grundauffassung im Management ist, dass Mitarbeiter keine Strategen sind, weil sie nicht die nötige Qualifikation besitzen, und dass Strategie deshalb auch nicht ihre Aufgabe ist. Unternehmen bezahlen daher externen Beratern Unsummen für ihr Wissen, ohne das Potenzial der eigenen Mitarbeiter zu nutzen und diese einzubinden. Dieses Vorgehen ist in zweierlei Hinsicht fatal:

- Für die Motivation und die Bereitschaft zur Umsetzung der Strategie aufseiten der Mitarbeiter;
- Im Hinblick auf das Herausarbeiten unternehmensspezifischer, einzigartiger Wettbewerbsvorteile. Denn das externe Expertenwissen ist auch der Konkurrenz zugänglich.

Die Folge ist, dass sich die Strategien verschiedener Unternehmen immer ähnlicher werden.

Das Wissen der Mitarbeiter nutzen

Jede gute Strategie baut aber auf dem Wissen über die Märkte, Produkte und Technologien, vor allem aber über die Kunden auf. Ohne dieses Wissen bleiben strategische Überlegungen eine Trockenübung.

Dieses Wissen umfasst den aktuellen Stand des Unternehmens und vor allem Veränderungen bei Kunden und Wettbewerbern, die den Kunden in seinen Entscheiden beeinflussen. Und wo findet sich dieses Wissen? Bei den Mitarbeitern!

- Die Verkäufer kennen die Kunden – aber auch die Wettbewerber – am besten;
- Die Techniker und Produktmanager kennen die Produkte am besten;
- Die Servicemitarbeiter kennen die Probleme und Einsatzgebiete am besten;
- … und richtig eingebundene Mitarbeiter sind auch die besten Innovatoren.

These 4

Die wirkliche Expertise holen Sie sich von Ihren Kunden (und Ihren Nichtkunden) – und nicht von externen Beratern

80% des Wissens sind in der Firma vorhanden – den Rest kann man zukaufen

Oft wird Expertenwissen zugekauft, ohne dass dieses wirklich von den Experten oder von den eigenen Mitarbeitern analysiert und interpretiert wird.

Ein grosser Teil des benötigten Wissens ist in der Regel bereits im eigenen Unternehmen vorhanden – und in irgendwelchen Schubladen (oder heute auf Festplatten) verstaubt und nicht mehr auffindbar.

Die Erfahrung zeigt, dass bis zu 80% des notwendigen Expertenwissens von Praktikanten und Studenten aus den bestehenden Unterlagen und aus dem Internet zusammengestellt werden können.

Zusätzliches Wissen kann gezielt eingekauft und verwertet werden. Dazu gibt es Datenbanken, Analysten, Branchenspezialisten und Verbände, die ihr Wissen zu vernünftigen Preisen anbieten.

Kundenwissen ist authentisch – Beraterwissen nicht

Das wirkliche, das entscheidende Expertenwissen aber findet sich bei den Kunden, nicht bei den teuer bezahlten Experten, die meist mit Wissen aus zweiter Hand arbeiten und dieses in aggregierter, anonymisierter und damit nicht mehr authentischer Form zur Verfügung stellen. Daher lauten die drei zentralen Fragen:

- Wie systematisch und in welcher Form binden Sie Ihre Kunden ein?
- Wie systematisch und in welcher Form nutzen Sie das Wissen Ihrer eigenen Mitarbeiter?
- Wo und von wem kaufen Sie – gezielt und fokussiert – externes Wissen ein und integrieren es?

These 5

Strategische Methoden und Instrumente sind hinlänglich bekannt oder können leicht erworben werden

Seit Jahrzehnten nichts Neues

Die Techniken und Methoden der Strategieansätze sind bekannt und für jedermann frei zugänglich. Sie bilden aber nur das Tischgedeck, und noch lange nicht das Kochrezept für ein Galadinner.

Viele Theorien, die als neu verkauft werden, sind alter Wein in neuen Schläuchen. Abgesehen von einigen Methoden und Instrumenten, die mit neudeutschen Begrifflichkeiten und Terminologien umschrieben werden, gibt es auf diesem Gebiet seit Jahren kaum nennenswerte Neuerungen.

Die Tools sind leicht zu erlernen

Entscheidend für die Wirksamkeit einer Strategie sind nicht die Konzepte oder Instrumente an sich, sondern wer sie wie anwendet. Das müssen die Mitarbeiter früher oder später erlernen, denn wenn es um die Umsetzung und Anwendung geht, sind die externen Spezialisten meist längst wieder weg.

Die meisten grösseren Unternehmen haben heute Abteilungen für die Unternehmensentwicklung, in denen alle notwendigen Tools zugänglich sind. Meist sind intern auch die notwendigen Kompetenzen für das Coaching und die Steuerung des Prozesses vorhanden.

Externe Spezialisten können bei Bedarf hinzugezogen werden, spielen aber vor allem die Rolle als Coach und Sparringspartner.

These 6

Eine selbst erarbeitete Strategie setzen Mitarbeiter auch selbst um – ohne Change-Management

Überzeugungsarbeit kostet viel und erreicht das Ziel nur teilweise

Einsames Ausbrüten von Strategien gefährdet den Umsetzungserfolg. «Die Geschäftsleitung hat 19 Wochen gebraucht, um die neue Strategie zu erarbeiten, die Mitarbeiter haben 20 Minuten gebraucht, um sie falsch zu verstehen.»

Für eine wirkliche Kenntnis der Strategie reicht es nicht, eine in der Unternehmensleitung formulierte Strategie nach unten zu kommunizieren. Von einer wirklichen und verinnerlichten Kenntnis kann nur sprechen, wer an der Ausarbeitung beteiligt war. Sonst heisst es dann: «Kennen Ihre Mitarbeiter die Strategie?» – «Ja, die haben wir bei der letzten Weihnachtsfeier vorgestellt.» Gehört ist jedoch nicht gleich verstanden, verstanden ist nicht gleich einverstanden, und nur wer von einer Sache überzeugt ist, leistet bei deren Umsetzung seinen Beitrag zum Ganzen.

Klassisches Change-Management geht von der Annahme aus, dass sich Menschen und Systeme nicht verändern wollen, der Veränderung Widerstand entgegensetzen und dieser erst überwunden werden muss. Bei dieser Annahme wird von der Notwendigkeit von Machtpromotern, Change Agents, Pilotprojekten und Kommunikationsstrategien ausgegangen, um den nötigen Spannungsbogen aufzubauen und Veränderungsenergie zu erzeugen.

Aber: Der Mensch tut das, wovon er überzeugt ist ...

... und am meisten überzeugt ist er von einer Erkenntnis, die er selbst erarbeitet hat. Wenn die Mitarbeiter also eine Strategie selbst (mit)entwickeln, wollen sie diese auch realisieren, da sie bereits in ihren Köpfen und Herzen verankert ist. Hier braucht es weder zusätzliche Fremdmotivation noch extra Incentives. Die Kraft kommt direkt auf die Strasse!

Zudem gilt, dass sich Menschen für eigene Entwicklungen auch selbst verantwortlich fühlen. Somit gibt es auch keine Verantwortungsdelegation an das Topmanagement, wenn Schwierigkeiten auftreten.

These 7

Die Unternehmensleitung konzentriert sich bei der Strategieentwicklung auf die richtige Frage- und Aufgabenstellung

Vorgeben der Leitplanken und Fragestellungen

Aufgabe der Geschäftsleitung ist es, die strategischen Leitplanken zu definieren, eine klare Aufgabe zu stellen, die richtigen Schlüsselpersonen zu finden, einzubinden und zu beauftragen und sich bei den Review-Meetings immer wieder einzuklinken und die Richtung vorzugeben.

Strategische Leitplanken beinhalten die Vision, die Mission des Unternehmens, das Leitbild und die Freiräume, innerhalb derer die strategischen Ideen und Optionen zu entwickeln sind; eventuell auch die finanziellen Ziele und Vorgaben zum Wachstum.

Intensive Beschäftigung mit der Unternehmensstrategie

Aber Achtung: Strategiearbeit unter Einbindung der Mitarbeiter entlastet die Geschäftsleitung nicht. Im Gegenteil, die Topmanager müssen sich weit mehr mit Strategie beschäftigen: Sie müssen Unterlagen durchlesen, sich intensiven (aufschlussreichen, anregenden, aber auch herausfordernden) Diskussionen stellen – und dies nicht nur während der Entwicklung, sondern auch bei der Umsetzung. Sie müssen die Arbeit ihrer Mitarbeiter – und oft auch ihre eigene – regelmässig hinterfragen.

Es gilt nachzuhaken, dranzubleiben und die Umsetzung unterstützend voranzutreiben. Fatal wäre es, sich zurückzulehnen und die Soldaten allein in die Schlacht zu schicken.

Als Belohnung winkt die höchst befriedigende Erfahrung, dass sich die eigenen Leute die Strategie zu eigen gemacht haben und mit voller Energie beweisen wollen, dass ihre Strategie tatsächlich funktioniert.

These 8

Durch die gemeinsame Erarbeitung von Strategien entstehen eine Kultur des Dialogs und eine gemeinsame Sprache

Die konstruktive Kontroverse

Strategieentwicklung ist ein Projekt und bedingt eine klare Projektorganisation. Im Projektteam findet ein Prozess der konstruktiven Kontroverse statt – Konsens ist nur gut, wenn er aus Dissens entstanden ist.

Voraussetzung eines produktiven Dialogs ist die heterogene Zusammensetzung des Strategieteams (Schlüsselpersonen verschiedener Hierarchieebenen, Funktionsbereiche, Regionen), um das vorhandene Wissen bestmöglich einzubinden.

So anstrengend das Aufeinanderprallen unterschiedlicher Sichtweisen und Erfahrungshintergründe zu Beginn auch ist, so wertvoll erweist es sich in der Folge, wenn die strategischen Überlegungen und Optionen dadurch angereichert werden und auf realen Erfahrungen (mit Kunden) statt Zahlen beruhen.

Gemeinsame Sprache und die lernende Organisation

Dieser Dialog, diese Auseinandersetzung muss stattfinden. Er findet jedoch organisatorisch nur statt, wenn es einen implementierten Prozess und die zugehörigen Gremien gibt, die regelmässig tagen, die Themen aufnehmen und auch verabschieden. Dadurch entsteht im Unternehmen eine gemeinsame Sprache. Die Bedeutung von Begriffen wird eindeutig und durch das gemeinsame Verständnis von Problemen und Lösungen entsteht Vertrauen.

Diese gemeinsame Entwicklung und Gestaltung der Zukunft ist damit ein integraler Bestandteil einer lernenden Organisation.

Wichtiger Nebeneffekt dieses Dialogs ist auf Geschäftsleitungsebene häufig, dass bislang auf ihre jeweiligen Verantwortungsbereiche fokussierte Mitglieder im Zuge des Prozesses beginnen, gemeinsam die Zukunft zu gestalten und auch die persönlichen Beiträge jedes Einzelnen gemeinsam zu bewerten.

These 9

Die strategische Gesamtverantwortung liegt in jedem Fall bei der Unternehmensleitung

Rollen müssen klar verteilt sein

In der integrierten Strategieentwicklung müssen die Rollen klar definiert werden. Ein strategischer Planungs- und Controlling-Prozess als eigenständiger Geschäftsprozess hilft, die Verantwortlichkeiten klarzustellen. Strategieentwicklung findet damit innerhalb eines transparenten Planungsprozesses statt. Zum Beispiel:

- Im Rahmen der jährlichen strategischen Planung werden 3 – 5 strategische Initiativen in Auftrag gegeben, in den folgenden Monaten ausgearbeitet und dann in einer eigenen Strategiesitzung vor der Geschäftsleitung präsentiert und entschieden.

Basis dieser strategischen Initiativen ist ein professionelles Projektmanagement.

Strategiearbeit soll damit nicht demokratisiert werden. Die strategischen Entscheidungen bleiben immer in der Verantwortung des Topmanagements, bauen aber auf einer breit abgestimmten Entwicklungsarbeit auf.

In bestimmten Fällen müssen Entscheide von der Unternehmensleitung autonom erarbeitet werden.

In Ausnahmefällen können strategische Entscheidungen nicht auf breiter Basis erarbeitet, sondern müssen aufgrund von Vertraulichkeitsvereinbarungen durch die Geschäftsleitung – respektive das Topmanagement – autonom erarbeitet und getroffen werden. Beispiele solcher Ausnahmesituationen sind Akquisitionen, Verkäufe oder Sanierungen.

These 10

Durch den integrierten Ansatz entsteht eine einzigartige Strategie, die auf die Bedürfnisse des Unternehmens zugeschnitten und nur schwer oder überhaupt nicht nachzuahmen ist

Massgeschneidert

Eine gemeinsam entwickelte Strategie ist auf dem spezifischen Wissen der eigenen Mitarbeiter und Kunden aufgebaut und erst dadurch tatsächlich auf das eigene Unternehmen zugeschnitten. Eine so entstandene Strategie nutzt das enorme Potenzial der eigenen Mitarbeiter und Kunden (aktuelles Markt- und Kundenwissen), anstatt diese erfolgskritische Arbeit nach oben oder aussen zu delegieren.

Direkt wirksam

Eine solcherart entwickelte Strategie ist direkt wirksam, ohne Übersetzung und somit ohne Zeit- und Kraftverlust. Die Umsetzung geht «wie von allein», da sich die Mitarbeiter in ihrer Strategie wiederfinden und nun verwirklichen wollen, was sie zuvor selbst erdacht haben.

Nicht nachahmbar

Während Strategiepapiere leicht zu kopieren sind, können Strategien, die in den Köpfen und Herzen der Mitarbeiter und damit in der Organisation verankert sind, nur schwer und falls überhaupt, mit jahrelanger Verzögerung imitiert werden.

> Spätestens dann sind Sie Ihrer Konkurrenz aber schon weit voraus!

KOMMUNIKATION[11]

> «Für den Erfolg eines Strategieprojektes ist es ganz wichtig, dass man transparent und umfänglich kommuniziert ...»

So etwa steht es in einem gängigen Management-Buch oder Artikel über Kommunikation. Das wissen wir aber alle schon. Deshalb möchte ich hier auf Plattitüden und Binsenwahrheiten verzichten und mich auf ein paar praxisorientierte Hinweise und Vorschläge beschränken, die ich aufgrund meiner Erfahrung aus vielen Strategieprojekten zusammengestellt habe.

Zusammengefasst geht es dabei um Folgendes:

- Was kommuniziert
- wer
- wann
- an wen und
- wie?

Was?

Es gilt zwei Ebenen der Kommunikation zu unterscheiden: die Sachebene, auf der über die Sachlage berichtet wird, und die politische Ebene, die sich um die Rahmenthemen kümmert.

Auf der Sachebene wird über die Ergebnisse, die im Projekt erarbeitet werden, sowie über die Entscheidungen und Aktionen, die der Leitungsausschuss (LA) trifft bzw. vorgibt, berichtet. Dazu gehören am Anfang der Projektauftrag, die Projektorganisation, der Zeitplan und in der Folge die Entscheidungsvorlagen und die Inhalte der Protokolle. Dazu ist anzumerken, dass es hier immer wieder Fakten und Inhalte gibt, die nicht einfach offen verbreitet und kommuniziert werden können oder sollen.

Auf der politischen Ebene wird Offenheit und Transparenz geschaffen. Hier geht es nicht um das «Was», sondern um das «Wie», und es ist mehr als nur

---

[11] Auszug aus dem Buch Strategieleitfaden, mit freundlicher Genehmigung des Verlags WEKA

die Mitteilung der blossen Fakten gefragt. Hilfreich ist hier insbesondere, auch über den Prozess selbst zu berichten: Was alles gemacht wird, wieso es wichtig für das Unternehmen ist und was als nächster Schritt folgt. Wir nennen diese Ebene deshalb auch die Kommunikation über den Prozess. Wirkliches Vertrauen kann erst über die überzeugende Verknüpfung beider Ebenen gewonnen werden, und es ist nicht zu unterschätzen, wie viel Goodwill sich auf diese Weise aufbauen lässt.

Eine wichtige Regel möchte ich hier noch anfügen: Über die folgenden Inhalte darf ausserhalb des Strategieteams nicht geredet oder informiert werden: Meinungen, Ideen, Optionen und Diskussionsinhalte, die noch nicht ausgearbeitet sind. Wird diese Regel nicht eingehalten, führt dies unweigerlich zu Missverständnissen und Unklarheiten und letztlich zu Unsicherheiten in der Organisation. Diese Regel muss deshalb auch von Anfang an klargestellt und «kommuniziert» werden.

Wer?

Kommunikation ist Chefsache, und damit ist auch schon gesagt, wer kommuniziert. Ich führe dazu zwei Beispiele an und überlasse es Ihnen, sich über die unterschiedlichen Kommunikationsmethoden ein eigenes Urteil zu bilden.

Das eine Unternehmen erstellt eine neue Strategie und die Organisation wird entsprechend angepasst und umgestellt. Die Folgen sind weitreichend: Einige Bereichsleiter müssen einen grossen Teil ihres bisherigen Geschäfts abgeben. Neue Mitglieder der Geschäftsleitung stehen plötzlich auf der gleichen Ebene wie ihre bisherigen Chefs, und viele Mitarbeiter sehen ihre Arbeitsumgebung, die Vorgesetztensituation und anderes mehr ziemlich umgekrempelt. Am Tag nach der Kommunikation der Neuorganisation auf der ersten Ebene erscheint an jedem Arbeitsplatz beim Start des Computers ein Video, in dem der CEO die neue Strategie und die neue Organisation präzise erklärt.

Dabei spricht er jeden persönlich an. In den Tagen danach findet eine Rundreise statt, auf der der CEO jede Geschäftsstelle besucht, die neue Situation präsentiert und ausgiebig Rede und Antwort steht. Zusätzlich werden als Teil einer weitreichenden Kommunikationskampagne Unterlagen und diverse Broschüren verteilt. Jeder Mitarbeiter hat jederzeit die Möglichkeit, bei allfälligen Unklarheiten nachzufragen und wird mit Problemen nicht allein gelassen. Dies schafft in einer Zeit des Wandels und Umbruchs Sicherheit und Vertrauen.

Die andere Firma hat auf europäischer Ebene eine Neuorganisation eingeführt. Nicht wenige der Landesgeschäftsführer werden in die zweite Reihe beordert, da die ganze Region neu in Subregionen eingeteilt wird. Deren Geschäftsführer sind eine Ebene höher eingestuft. Die Neuorganisation wird an einem Ländermeeting von externen Beratern vorgestellt. Lange Gesichter sind hier vorprogrammiert.

Hinter jeder Kommunikation muss in direkter Linie die Geschäftsführung bzw. der Auftraggeber stehen. Die direkt Untergebenen geben dann in deren Auftrag Informationen an Ihre Mitarbeiter weiter; somit können sie sich immer unmittelbar auf die Chefebene beziehen.

Wann?

Nicht von ungefähr verlangt der Kapitalmarkt von den Unternehmen eine Kommunikation, die auf zwei Arten die Entwicklungen und Vorgänge wiedergibt:

- eine regelmässige Information über den Geschäftsgang, z. B. in Monats- oder Jahresberichten
- Informationen bei unerwarteten oder besonderen Ereignissen, z. B. Gewinnwarnungen

Dieselben Ansprüche müssen auch innerhalb des Unternehmens gelten, und für die Kommunikation während eines Strategieprozesses heisst das konkret:

- Eine regelmässige Kommunikation der für das Projekt relevanten Fakten; diese orientiert sich in der Regel am Rhythmus der LA-Sitzungen.
- Benachrichtigung im Fall aussergewöhnlicher Vorkommnisse, z. B. wenn die Teamzusammensetzung wesentlich geändert wird oder wenn aufgrund von neuen Erkenntnissen Sofortmassnahmen eingeleitet werden.

Die periodischen Informationen erfolgen jeweils nach den LA-Sitzungen und enthalten die wichtigsten Entscheide und Erkenntnisse. Es muss jedoch berücksichtigt werden, dass nicht alles eins zu eins nach aussen getragen werden kann, d. h. Politik, genauer Kommunikationspolitik, spielt hier natürlich eine Rolle. Um diesem Anspruch zu genügen, ergänzen wir jeweils die Entscheidungsvorlage an den LA schon mit einem Vorschlag für die nachfolgende Kommunikation.

Es können immer wieder unvorhergesehene Ereignisse auftreten. Im Fall eines Strategieprojektes kann es sich um unvorhergesehene Erkenntnisse über einen bestimmten Markt, einen Konkurrenten oder sogar einen Kunden handeln. Diese Art von Information verlangt unter Umständen

Sofortmassnahmen und kann nicht bis zur nächsten LA-Sitzung warten. Als Regel schlagen wir vor, in derartigen Fällen sehr zurückhaltend zu kommunizieren, denn jede unvorbereitete Kommunikation verwirrt manchmal mehr, als dass sie zur Klärung beitragen würde. Wann immer möglich, warten wir mit Informationen bis zur nächsten LA-Sitzung.

Eine andere Geschichte sind die Informationen, die immer wieder informell nach aussen getragen werden. Ganz vermeiden lässt sich das nie. Wir gehen am Schluss dieses Kapitels genauer darauf ein.

An wen?

Informiert werden alle, die betroffen sind – und das sind in erster Linie alle Mitarbeiter des Unternehmens – ja, ich meine ALLE MITARBEITER!

Im Fall eines Strategieentwicklungsprojekts sind nicht alle Mitarbeiter in gleichem Mass betroffen. Dies gilt sowohl bezüglich ihrer Beteiligung, der unmittelbaren Auswirkungen wie ganz grundsätzlich für das Interesse an der strategischen Ausrichtung des Unternehmens.

Deshalb nehmen wir hier eine grobe Unterteilung in vier Gruppen vor:

1. Die Geschäftsführung und der Verwaltungsrat bzw. der Aufsichtsrat
2. Die Mitarbeiter im Projekt
3. Die Führungsebenen, die durch das Projekt und mögliche organisatorische Folgen betroffen sein könnten
4. Alle anderen Mitarbeiter

Ad 1 Die Informationen an den Verwaltungsrat / Aufsichtsrat liegen in der Zuständigkeit des LA und des Auftraggebers. Im Normalfall wird der Inhalt in Form eines Protokolls oder Memorandums in die Sitzung der nächsten Ebene eingebracht. Eine spezielle Rolle spielt die Information an die Investoren oder an den Kapitalmarkt bei kotierten Unternehmen. Darauf werden wir hier aber nicht näher eingehen.

Ad 2 Die Projektmitarbeiter werden nach jeder LA-Sitzung direkt von der Projektleitung (PL) oder für wichtige Themen von einem Mitglied des LA informiert. Konkret wird der PL die Ergebnisse auf dem Projektweg kommunizieren, das Protokoll zur Verfügung stellen und für Fragen bereit sein. Für die wichtigsten Themen empfehlen wir, dass jeweils ein Vertreter des LA am Anfang des folgenden Workshops die Mitarbeiter persönlich anspricht und den Auftrag für die folgende Phase bekräftigt.

Ad 3 Diese Zielgruppe bekommt eine Menge von Informationen über den informellen Weg mit. Um dem zu begegnen, hilft eine schriftliche, formale Unterlage, die offiziell vom LA kommt und an alle zur gleichen Zeit verteilt wird. Damit befinden sich alle (zumindest offiziell) auf dem gleichen Informationsstand, auf den man sich bei Diskussionen beziehen kann. Zusätzlich muss für Einzelfälle der LA als Ansprechpartner zur Verfügung stehen.

Ad 4 Die Mitarbeiter werden auf zwei Arten informiert: zum einen durch eine in der Regel gekürzte Zusammenfassung des Projektstandes. Zum andern werden zusätzlich zu den Ergebnissen Einblicke in die Hintergründe, die Prozesse und die Vorgehensweise vermittelt.

Wie?

Beziehen Sie sich immer auf die formale Information, auf ein Protokoll, auf eine schriftliche Mitteilung oder auf die offizielle Kommunikationsvorlage und vermeiden Sie es, diese Informationen mit Ihrer eigenen Meinung zu vermengen. Denn Mitarbeiter verstehen es, zwischen den Zeilen zu lesen, und oft wird in solchen Situationen viel in die Aussagen hineininterpretiert. Deshalb empfehlen wir auch hier, eine kurze, einfache Zusammenfassung zu erstellen, die derjenige, der informiert, z. B. ein Bereichsleiter, immer auf sich trägt und sich jederzeit darauf beziehen kann.

Ad 1 Die formale Zusammenfassung der Ergebnisse wird an den entsprechenden Sitzungen vorgestellt.

Ad 2 Die Projektmitarbeiter werden über den Projektleiter offiziell und schriftlich informiert. An der folgenden Sitzung wird der PL das Protokoll der LA-Sitzung vorstellen.

Ad 3 Die Führungskräfte werden anhand einer Zusammenfassung des Protokolls schriftlich informiert. Dazu kommen die laufenden Führungssitzungen, an denen die Projektinformation auf die Tagesordnung kommt. Der PL wird eingeladen und berichtet über das Projekt – auch hier anhand des LA-Protokolls.

Ad 4 Die Mitarbeiter werden über die interne Linienorganisation und die offiziellen Kommunikationsmittel wie z. B. die Hauszeitung informiert (wobei hier zu beachten ist, dass diese auch nach aussen gelangen). Auch dies kann an Veranstaltungen erfolgen. Wieder dient die schriftliche Vorlage als Grundlage

Und die Gerüchte?

An Workshops, die wir bei Unternehmen durchgeführt haben, kam es vor, dass Projektmitarbeiter noch während der Sitzungen mit dem direkten Vorgesetzten über den Fortgang und den Inhalt der Diskussionen telefoniert haben. Heute werden wahrscheinlich SMS geschickt oder die Facebook-Seiten aktualisiert.

Man kann diese informellen Informationswege nie völlig unterbinden. Es gibt zwei Möglichkeiten, die negativen Konsequenzen einer unkontrollierten Kommunikation einzugrenzen:

1. Ein klarer «Code of Conduct» am Anfang des Projektes, der von allen abgesegnet oder, wenn angebracht, sogar unterschrieben wird. Dieser beinhaltet das Versprechen, nur offizielle Informationen weiterzugeben.
2. Eine konsistente und stringente formale Informationspolitik mit regelmässigen Communiqués und gleichbleibenden Formaten. Dadurch lässt sich das Ausmass der Gerüchteküche mit ihren meist negativen Folgen zumindest abschwächen.

STRATEGY.APP

... ist eine Software-Applikation auf der Basis SaaS (Software as a Service), die den Strategieentwicklungsprozess abbildet.

... ist nach Bedarf konfigurierbar und erlaubt es Ihnen, die für Ihr Unternehmen passenden Instrumente auszuwählen.

... gewährt dem Anwender orts- und geräteunabhängig Zugriff auf eine konsistente Datenbasis.

Während für die operative Führung und Steuerung der Einsatz von standardisierten Methoden und Software-Applikationen von der Buchführung bis zur Steuererklärung seit langem eine Selbstverständlichkeit ist, gibt es für die strategische Steuerung eines Unternehmens bisher nichts Vergleichbares.

STRATEGY.APP® schliesst diese Lücke.

Mit dem folgenden Link können Sie die App 30 Tage lang kostenlos und unverbindlich testen:

Anmelden für STRATEGY.APP®
https://www.strategy.app/app_registrieren

Copyright © 2021

Ignaz Furger
Krönleinstrasse 14
www.strategy.app
ignaz.furger@strategy.app
+41 44 251 8070

Dieses Werk ist urheberrechtlich geschützt. Alle Rechte, auch die der Übersetzung, des Nachdrucks und der Vervielfältigung des Werkes oder Teilen daraus, sind vorbehalten. Kein Teil des Werkes darf ohne schriftliche Genehmigung des Verlags in irgendeiner Form (Fotokopie, Mikrofilm oder einem anderen Verfahren), auch nicht für Zwecke der Unterrichtsgestaltung, reproduziert oder unter Verwendung elektronischer Systeme verarbeitet, vervielfältigt oder verbreitet werden. Die Wiedergabe von Gebrauchsnamen, Handelsnamen, Warenbezeichnungen usw. in diesem Werk berechtigt auch ohne besondere Kennzeichnung nicht zu der Annahme, dass solche Namen im Sinne der Warenzeichen- und Markenschutz-Gesetzgebung als frei zu betrachten wären und daher von jedermann benutzt werden dürfen. Trotz sorgfältigem Lektorat können sich Fehler einschleichen. Autor und Verlag sind deshalb dankbar für diesbezügliche Hinweise. Jegliche Haftung ist ausgeschlossen, alle Rechte bleiben vorbehalten.

DER AUTOR

Ignaz Furger unterstützt seit über 20 Jahren Unternehmen und Organisationen in strategischen Fragestellungen. Die Ausbildung der Mitarbeiter in strategischem Management mit praktischen Aufgaben bildet dabei eine zentrale Rolle. Ignaz Furger ist Autor des Bestsellers Strategieleitfaden, einer praktischen Anleitung für Unternehmensstrategien sowie Gründer und Betreiber der Strategieapplikation STRATEGY.APP®.

LINKS

www.strategy.app

www.strategy.app/blog

https://app.strategy.app

Whitepaper Prämissencontrolling
https://www.strategy.app/whitepaper_praemissencontrolling

Whitepaper Massnahmen
https://www.strategy.app/whitepaper_massnahmen

Buch von M. Pfiffner: Die dritte Dimension des Organisierens:

- Orell Füssli, Schweiz
    - https://www.orellfuessli.ch/shop/home/artikeldetails/ID146782679.html
- Springer, Deutschland
    - https://www.springer.com/de/book/9783658292461
- AMAZON
    - https://www.amazon.de/Die-dritte-Dimension-Organisierens-Kommunikation/dp/3658292466

John Doerr: OKR: Objectives & Key Results

Andrew Grove: High Output Management. Random House

Alexander Diehl: Objectives and Key Results (OKR) – Einführung in die OKR Methode

www.ingramcontent.com/pod-product-compliance
Lightning Source LLC
Chambersburg PA
CBHW040320220526
45473CB00009B/2512